Die schlichten 50er

PETTICOAT UND NIERENTISCH

Alexandra Sgro

compact via

compact via ist ein Imprint der Compact Verlag GmbH

Text: Alexandra Sgro
Chefredaktion: Evelyn Boos
Redaktion: Gesa Scheziat, Tanja Greiner
Produktion: Johannes Buchmann
Abbildungen: siehe Bildnachweis S. 128
Titelabbildungen: dpa Picure-Alliance, Frankfurt (Elvis);
fotolia.com: Boca (Motorroller), DeVlce (Radio), Petair (Hintergrundmuster)
Gestaltung: h3a GmbH, München
Umschlaggestaltung: h3a GmbH, München
Druckvorstufe und Satz: Simkraft, Mumbai | www.simkraft.com

ISBN 978-3-8174-8898-8
381748898

www.compactverlag.de

VON:

FÜR:

INHALTSVERZEICHNIS

MUSIK

Die Musik in den 50ern war vor allem eins: laut, wild und aggressiv. Die Jugendlichen sehnten sich danach, aus ihrem starren Dasein auszubrechen, sich von den Ketten der bürgerlichen Moral zu befreien. Ein Ventil dafür fanden sie im Rock 'n' Roll. Stars wie Little Richard, Bill Haley, Chuck Berry, Buddy Holly oder Ray Charles trafen mit ihrer Musik genau den Nerv der Zeit. Überstrahlt wurden sie aber alle von einem Mann: Elvis Presley. Dem Musiker lagen die Frauen reihenweise zu Füßen. Während der Rock 'n' Roll von den Jugendlichen heiß geliebt wurde, verteufelten viele Eltern die neue Musikrichtung, die so gar nicht ihrer Vorstellung von Sitte und Moral entsprach. Ruhigere Töne dagegen schlugen Peter Alexander, Freddy Quinn, Caterina Valente und Vico Torriani an. Sie eroberten die Herzen der deutschen Zuhörer mit ihren Schlagertiteln im Sturm. So manch einer warf sein gesamtes Taschengeld in den 50ern in eine Jukebox, um immer wieder aktuelle Hits wie *Tutti Frutti, O mein Papa, Johnny B. Goode* oder *Heimweh* hören zu können.

01 **Welcher Musikstil ist keine Spielvariante des Rock 'n' Roll?**

a) New Orleans Sound
b) Twist
c) Rockabilly
d) Ragtime

! Beim Cool Jazz wird großer Wert auf Gemeinschaft gelegt. Statt wie beim Bebop Solos in den Vordergrund zu stellen, dominiert hier das Ensemblespiel.

02 **Chuck Berry sang Hits wie *Johnny B. Goode*. Welches neue Bühnenelement erfand er nebenbei?**

a) Duckwalk
b) Time-Warp-Tanz
c) Luftgitarre
d) Moonwalk

03 **Als einer der wichtigsten Vertreter des Cool Jazz in den 50ern gilt Miles Davis. Welches Instrument spielte er?**

a) Klavier
b) Trompete
c) Saxofon
d) Kontrabass

04 **In welcher Stimmlage sang der Opernstar Maria Callas?**

a) Alt
b) Bass
c) Sopran
d) Tenor

05 **Welche neue Abspielgeschwindigkeit bei Langspielplatten wurde 1950 in Deutschland eingeführt?**

a) 16⅔ Umdrehungen pro Minute
b) 33⅓ Umdrehungen pro Minute
c) 45 Umdrehungen pro Minute
d) 78 Umdrehungen pro Minute

06 **Seit 1956 findet jährlich der Musikwettbewerb Eurovision Song Contest statt. Welche Nation gewann den ersten Wettstreit?**

a) Deutschland
b) Italien
c) Niederlande
d) Schweiz

! Der Eurovision Song Contest startete 1956 unter dem Namen Gran Premio Eurovisione della Canzone Europea. Erst seit 1992 heißt der Wettbewerb einheitlich Eurovision Song Contest.

07 **In Deutschland stationierte GIs importierten erfolgreich die Jukebox. Welches Design erfreute sich in den 50ern großer Beliebtheit?**

a) Kupfer
b) Goldverzierungen
c) Chrom
d) Strass

08 **Wer galt als deutsche Antwort auf Elvis Presley?**

a) Peter Kraus
b) Max Greger
c) Gerhard Wendland
d) Gus Backus

09 Welcher Song läutete die Ära des Rock 'n' Roll ein?

a) *Heartbreak Hotel*
b) *Rock Around the Clock*
c) *Roll Over Beethoven*
d) *Tutti Frutti*

! Seinen weltweiten Durchbruch erlebte der Song als Titelmusik des Dramas *Saat der Gewalt* (1955). Das Lied von Bill Haley schnellte in mehreren Ländern auf Platz 1 der Charts.

10 In welcher deutschen Stadt war Elvis Presley zwischenzeitlich stationiert?

a) Bad Kreuznach
b) Frankfurt
c) Friedberg
d) Wiesbaden

11 1959 starb Buddy Holly bei einem Flugzeugabsturz. Mit welchem Begriff wird sein Todestag bezeichnet?

a) The Day the Music Died
b) Black Friday
c) Leaving on a Jet Plane
d) The End

12 An welchem Revuetheater feierten Alice und Ellen Kessler ab 1955 große Erfolge?

a) Olympia
b) Lido
c) Moulin Rouge
d) Les Folies Bergère

13 **Roy Orbinson, der 1964 mit *Oh, Pretty Woman* einen Welterfolg feierte, startete 1956 seine Gesangskarriere. Welches Accessoire wurde zu seinem Markenzeichen?**

a) schwarzer Hut
b) Holzkette mit Kreuz
c) Goldzähne
d) Sonnenbrille

14 **Welchen Spitznamen trug Johnny Cash?**

a) Godfather of Soul
b) Man in Black
c) Mister Slowhand
d) Satchmo

15 **Welcher Sänger machte mit seinem Lied *Banana Boat Song* den Musikstil Calypso in den 50ern weltberühmt?**

a) Harry Belafonte
b) Perry Como
c) Bing Crosby
d) Fats Domino

16 **Bill Ramsey sang sich mit deutschsprachigen Songs in die Herzen der Zuhörer. Aus welchem Land stammt er?**

a) Australien
b) USA
c) Neuseeland
d) Großbritannien

! Seit 1984 besitzt Bill Ramsey, der seit einigen Jahren in Hamburg lebt, die deutsche Staatsbürgerschaft.

17 **Der Schweizer Vico Torriani betätigte sich als Schauspieler, Sänger und Showmaster. In welchem Schlagerfilm spielte er 1955 die Hauptrolle?**

a) *Blau blüht der Enzian*
b) *Ein Herz voller Musik*
c) *Mandolinen und Mondschein*
d) *Ohne Krimi geht die Mimi nie ins Bett*

18 **Mit welcher deutschen Fassung eines Cole-Porter-Stücks feierte Caterina Valente in Deutschland 1954 einen großen Erfolg?**

a) *Ganz Paris träumt von der Liebe*
b) *Ninotschka*
c) *Wodka Cola*
d) *Küss mich, Kätchen!*

19 **Wer ist mit zehn Nummer-eins-Hits in den deutschen Charts, u. a. *Heimweh* (1956) und *Der Legionär* (1958), der erfolgreichste Einzelinterpret in der Bundesrepublik?**

a) Hans Albers
b) Rex Gildo
c) Heino
d) Freddy Quinn

20 **1951 nahm der Österreicher Peter Alexander seine erste Schallplatte auf. Mit welchem Komponisten arbeitete er nachher oft zusammen?**

a) George Baker
b) Jack White
c) Kurt Feltz
d) Friedrich Hollaender

21 **Durch welches Element zeichneten sich Lieder wie *Tutti Frutti* (1955) von Little Richard aus?**

a) schnelles Pianospiel
b) harte Rhythmusgitarre
c) mehrfacher Trompeteneinsatz
d) langsames Trommelspiel

22 **Welche Hymne komponierte Hanns Eisler?**

a) Kaiserhymne
b) Deutschlandlied
c) DDR-Hymne
d) Saarlandlied

23 **Am 16. November 1959 fand in New York die Uraufführung des Musicals *The Sound of Music* statt. Um welche Familie geht es in dem Musical?**

! Auf die große Leinwand gelangte das Musical 1965. In *Meine Lieder – meine Träume,* so der deutsche Titel, spielt Julie Andrews die Hauptrolle.

24 **Welche beiden verfeindeten Banden bekriegen sich in dem Musical *West Side Story*, das am 26. September 1957 in New York City Premiere feierte?**

25 **In welcher Einrichtung war Günter Kochan, vierfacher Preisträger der Auszeichnung Nationalpreis der DDR, lange Zeit als Professor tätig?**

a) Hochschule für Bildende Künste Dresden
b) Universität der Künste Berlin
c) Hochschule für Musik und Theater „Felix Mendelssohn Bartholdy“ Leipzig
d) Hochschule für Musik „Hanns Eisler“ Berlin

26 **Welche Lehre innerhalb der Geschichte der Musik vertrat der Komponist Ernst Hermann Meyer, der weit über 500 Werke anfertigte?**

a) Erbetheorie
b) Stringtheorie
c) Objektbeziehungstheorie
d) Synchronizität

27 **Der Song *Be-Bop-A-Lula* gilt als ein Klassiker unter den Rockabilly-Liedern. Welcher Sänger performte ihn als Erster?**

a) David Cassidy
b) Jerry Lee Lewis
c) Carl Perkins
d) Gene Vincent

Cornelia Froboess in *Liebesfahrt nach Rheinsberg*

28 **Mit dem Lied *Zwei kleine Italiener* (1962) landete Cornelia Froboess einen großen Hit. Mit welchem Song feierte sie bereits elf Jahre zuvor ihren Durchbruch?**

a) *O mein Papa*
b) *Itsy Bitsy Teenie Weenie*
c) *Pack die Badehose ein*
d) *Capri-Fischer*

!

Auch als Schauspielerin machte sich Cornelia Froboess einen Namen. Sie war u. a. 1972–2001 Stammmitglied der Münchner Kammerspiele und übernahm 1997 in dem Kinohit *Knockin' on Heaven's Door* eine Rolle.

29 **Welche Sängerin, die mit *Who's Sorry Now* (1958) international bekannt wurde, trat zunächst unter dem Künstlernamen Concetta Franconero auf?**

a) Connie Francis
b) Margot Eskens
c) Lys Assia
d) Margot Hielscher

FILM UND FERNSEHEN

Alfred Hitchcock sorgte mit seinen Filmen in den 50ern für Spannung und Schrecken beim Zuschauer. Dafür versammelte er Stars wie Grace Kelly, Doris Day und Cary Grant um sich. James Dean, Held in nur drei Filmen, wurde zum Idol einer ganzen Generation. Während der Film *Die Sünderin* tagelang die Schlagzeilen beherrschte, zauberte im Fernsehen zum ersten Mal ein Fernsehkoch ungewöhnlich klingende Gerichte. Die Tagesschau informierte allabendlich über die weltweiten Geschehnisse, und *Das Sandmännchen* wiegte in Ost und West die Kinder in den Schlaf. Jedes Mädchen wollte sich in den 50ern so kleiden wie Audrey Hepburn, deren Poster noch heute einige Wohnzimmer schmücken. Der ein oder andere Bösewicht musste in Western wie *Der schwarze Falke* sein Leben lassen. Auch die Cartwrights sorgten in der Serie *Bonanza* für Recht und Ordnung. Elizabeth Taylor, Marilyn Monroe und Marlon Brando erspielten sich in den 50ern ihren heutigen Kultstatus. Der Antikriegsfilm *Die Brücke* ließ am Sinn des Zweiten Weltkriegs zweifeln.

30 **Das von Doris Day gesungene Lied *Que Sera, Sera* kennt heutzutage fast jeder. Für welchen Film nahm sie es auf?**

a) *Bettgeflüster*
b) *Der Mann, der zu viel wusste*
c) *Ein Hauch von Nerz*
d) *Spion in Spitzenhöschen*

31 **1953 gelangte die erste Kochsendung ins Fernsehen. Wer fungierte damals als Koch?**

a) Hans Karl Adam
b) Kurt Drummer
c) Horst Scharfenberg
d) Clemens Wilmenrod

32 **Der Film *Die Sünderin* löste bei seinem Erscheinen 1951 einen Skandal aus. Welches war u. a. ein Grund dafür?**

a) Mann in Frauenkleidern
b) ältere Frau als Geliebte
c) Befürwortung von Sterbehilfe
d) Parodie auf Adolf Hitler

33 **Welches neue Filmformat hielt mit dem monumentalen Bibelfilm *Das Gewand,* der 1953 mit Richard Burton in der Hauptrolle veröffentlicht wurde, Einzug?**

34 **Der heute noch jedes Jahr pünktlich zu Ostern ausgestrahlte Monumentalfilm *Die zehn Gebote* entstand 1956. Wer spielte in dem Film die Hauptrolle?**

35 **Die Augsburger Puppenkiste ging 1953 erstmals auf Sendung. Welche Produktion ist kein Teil des Marionettentheaters?**

a) *Peter und der Wolf*
b) *König Drosselbart*
c) *Kleiner König Kalle Wirsch*
d) *Kater Mikesch*

36 In der Filmwelt ist der „Duke“ als Darsteller in Streifen wie *Rio Grande* oder *Der schwarze Falke* unvergessen. Welcher Schauspieler ritt durch unzählige Western?

a) John Wayne
b) Clark Gable
c) Charles Laughton
d) Charlton Heston

37 An welcher Sendergründung beteiligte sich der Nordwestdeutsche Rundfunk, die größte Rundfunkanstalt in Deutschland, nach dem Zweiten Weltkrieg?

a) ZDF
b) ARD
c) ARTE
d) 3SAT

38 Seit 1952 berichtet die *Tagesschau* in der ARD täglich über aktuelle Nachrichten im In- und Ausland. Wodurch wird das Format seit Sendebeginn eingeleitet?

39 Wie hieß das DDR-Pendant zur *Tagesschau*?

40 Unter welchem Namen wurde die Quizsendung *Ja oder Nein. Ein psychologisches Extemporale mit sieben unbekannten Größen* in den 50ern national bekannt?

a) *1:0 für Sie*
b) *Wer gegen wen?*
c) *Was bin ich?*
d) *Einer wird gewinnen*

41 Mit *Der Frosch mit der Maske* (1959) begann die Edgar-Wallace-Filmreihe. Welche Filmfigur verkörperte Eddi Arent in diesem und vielen anderen Filmen?

a) Butler
b) Chauffeur
c) Gärtner
d) Koch

42 **1959 ritten die Cartwrights in *Bonanza* erstmals über die Ponderosa-Ranch. Die Familie bestand aus Ben, Hoss, Little Joe und ...?**

a) Lucas
b) George
c) Adam
d) William

Heinz Rühmann

43 **Großen Zuspruch bei der Bevölkerung fand in den 50ern die Hörspielserie *Die Hesselbachs.* Wie wurde der Vater Karl auch genannt?**

a) Alterchen
b) Babba
c) Karlchen
d) Vadder

44 **Heinz Rühmann drehte 1956 *Der Hauptmann von Köpenick*. Wer schrieb die Romanvorlage?**

a) Hugo von Hofmannsthal
b) Gerhart Hauptmann
c) Wolfgang Borchert
d) Carl Zuckmayer

45 **Welchem sportlichen Hobby ging James Dean besonders gern nach?**

46 **1956 heiratete die Schauspielerin Grace Kelly Fürst Rainier III. von Monaco. Welchen Namen trug sie fortan?**

47 **Welche Schauspieltechnik perfektionierte Marlon Brando, der für seinen Part in *Die Faust im Nacken* (1954) einen Oscar erhielt?**

a) Identifikation
b) Meisner-Technik
c) Method Acting
d) Naturalismus

48 **Was gelang Elizabeth Taylor, bekannt durch Filme wie *Giganten* (1956) sowie *Die Katze auf dem heißen Blechdach* (1958), als erste Schauspielerin?**

a) eigener Wohnwagen während des Drehs
b) Gage in Höhe von einer Million US-Dollar
c) Namensnennung im Vorspann
d) privater Assistent

49 **Für welche Organisation engagierte sich Audrey Hepburn als Sonderbotschafterin?**

50 **Wer war der bevorzugte Drehpartner von Katharine Hepburn?**

51 ***Ben Hur* (1959) zählt zu den erfolgreichsten Oscar-Filmen. Wie viele Goldjungen konnte der Film für sich verbuchen?**

a) 5
b) 8
c) 11
d) 13

52 **Der Antikriegsfilm *Die Brücke* (1959) porträtiert den fehlgeleiteten Idealismus während des Zweiten Weltkriegs. Wer führte bei dem preisgekrönten Film Regie?**

a) Helmut Käutner
b) Bernhard Wicki
c) Paul Verhoeven
d) Kurt Neumann

53 **Heimatfilme wie beispielsweise *Schwarzwaldmädel* oder Historienfilme wie die *Sissi*-Trilogie waren in den 50ern äußerst populär. In welcher Stadt steht das Sisi-Museum?**

a) Bad Ischl
b) München
c) Tirol
d) Wien

54 **Cary Grant spielte u. a. in *Über den Dächern von Nizza* (1955) und *Der unsichtbare Dritte* (1959) mit. Welchen Rollentypen verkörperte er in zahlreichen Streifen?**

a) hinterhältiger Bösewicht
b) zerstreuter Professor
c) verstörter Kriegsveteran
d) Mann von Welt

55 **Kinder in der DDR freuten sich regelmäßig auf Kindersendungen wie *Unser Sandmännchen* und *Meister Nadelöhr erzählt*. Welche beiden Puppenfiguren durften nicht fehlen?**

a) Ernie und Bert
b) Pittiplatsch und Schnatterinchen
c) Quietschbeus
d) Statler und Waldorf

56 **Welchem Tier setzte der Fernsehstar Heinz Erhardt ein lyrisches Denkmal?**

a) Hamster
b) Fuchs
c) Made
d) Schwan

57 **Welche Auszeichnung erhielt Sidney Poitier, der sich in vielen Filmen mit dem Thema Rassismus auseinandersetzte?**

a) Ritterschlag
b) Friedensnobelpreis
c) Bundesverdienstkreuz
d) Pulitzerpreis

58 **Welcher Begriff im Filmbereich wird mit dem Meisterregisseur Alfred Hitchcock in Verbindung gebracht?**

a) Mise en scène
b) Suspense
c) Wort-Bild-Schere
d) Slapstick

MODE

Junge Männer trugen in den 50ern liebend gern dunkle Jeans, enge T-Shirts und dazu Lederjacken – wenn möglich in knalligem Rot. James Dean hatte diesen Look in *… denn sie wissen nicht, was sie tun* perfektioniert. Das Haar wurde zu einer Schmalztolle hochfrisiert und mit einem Speckkamm, der lässig in der Gesäßtasche untergebracht wurde, zwischendurch immer wieder in Form gebracht. Die älteren Herrschaften legten Wert auf gesetztere Outfits: Bundfaltenhosen und Hosenträger. Frauen dagegen setzten auf elegante Kleider in A-Linien-Form oder auf ausschweifende Petticoats. Eng verbunden mit den 50ern ist das Chanel-Kostüm, das bei keinem Prominenten im Kleiderschrank fehlen durfte. Audrey Hepburn machte Dreiviertelhosen, kombiniert mit flachen Schuhen und eng anliegendem Oberteil, salonfähig. Unten drunter trugen die Damen Miederhosen, die überflüssige Pfunde kaschierten. Mit blickdichten Nylon-Strumpfhosen versuchten sie außerdem, ihre Beine zu verstecken. Pin-up-Girls dagegen zeigten in den 50ern gern ein bisschen Haut und rekelten sich in knappen Kostümchen.

59 **Was trugen die Frauen mit Vorliebe zu kleinen feierlichen Anlässen?**

a) Cocktailkleid
b) Hosenanzug
c) Minirock
d) Overall

60 **Lange Zeit hatten Mädchen und Frauen hauptsächlich Kleider und Röcke an. Welche Hosenform wurde in den 50ern modern?**

a) Boyfriend Jeans
b) Caprihose
c) Röhrenjeans
d) Schlaghose

61 **Wer es sich leisten konnte, trug maßgeschneiderte und handgefertigte Kleidung aus hochwertigen Stoffen. Wie wird dieser Modestil genannt?**

a) Prêt-à-porter
b) New Romantic
c) Haute Couture
d) Vintage

62 **Welches Kleidungsstück lässt heute wie damals so manches Frauenherz höher schlagen?**

a) kleines Schwarzes
b) Hotpants
c) Bluse mit Trompetenärmeln
d) Matrosenanzug

! Die französische Modedesignerin Coco Chanel (1883–1971) stellte das Outfit erstmals 1926 der breiten Öffentlichkeit vor.

63 **Was wurde in den 50ern sehr gern getragen?**

a) Sackkleid
b) Leggins
c) Jeanshemd
d) grüner Parka

64 **Welches synthetische Gewebe, das auch unter dem Namen Elastan oder Spandex bekannt ist, erfand 1958 der US-amerikanische Konzern DuPont?**

a) Flachs
b) Lycra
c) Polyester
d) Viskose

65 **Was brauchte man für die perfekte Schmalztolle?**

a) Haarlack
b) Gel
c) Haarspray
d) Pomade

66 **An welches Tier erinnerte die Form vieler Frauenbrillen?**

a) Hund
b) Katze
c) Uhu
d) Frosch

67 **Pin-up-Bilder waren vor allem bei Soldaten beliebt. Welches Frisurenelement war häufig auf den Fotos zu sehen?**

a) kurzer rundgeföhnter Pony
b) Korkenzieherlocken
c) Haarreif
d) Rastazöpfe

68 **Wer war jahrelang eine Ikone des Burlesque?**

a) Jayne Mansfield
b) Mae West
c) Barbara Stanwyck
d) Gypsy Rose Lee

69 **Wie heißt die Kombination aus einem Pullover sowie einer gleichfarbigen und aus gleichem Material bestehenden Strickjacke?**

a) Zipper
b) Bolero
c) Twinset
d) Body

70 **Welches Schuhmodell, das vor wenigen Jahren ein Revival erlebte, war in den 50ern an vielen Frauenfüßen zu sehen?**

a) Ballerinas
b) Espadrilles
c) Spangenschuhe
d) Budapester

71 **Aussehen wie James Dean – ein Traum zahlreicher Männer in den 50ern. Was durfte nicht fehlen?**

a) Schiebermütze
b) hochgeschlagene Jeans
c) Karohemd
d) Halstuch

72 **Bevor der Hüfthalter in Mode kam, trugen Frauen häufig noch ein Korsett. Aus welchem Material bestanden oft die Stäbe?**

a) Fischbein
b) Plastik
c) Holz
d) Kupferdraht

73 **Wer kreierte den New Look, der in den 50ern seinen Siegeszug antrat?**

a) Giorgio Armani
b) Christian Dior
c) Sonia Rykiel
d) Yves Saint Laurent

74 **Petticoats wurden zur Unterstützung unter weiten Röcken getragen. Wie wird die Stufe genannt, die auf Höhe der Hüfte anliegt?**

a) Huf
b) Mähne
c) Sattel
d) Trense

75 **Frauen gingen selten ohne Nylon-Strumpfhose aus dem Haus. In welche Maßeinheit werden sie eingeteilt?**

a) Decher
b) Torr
c) Denier
d) Radiant

76 **Als Schlaf-Outfit für Frauen setzte sich ein Hemdchen durch, das weit geschnitten war und sich durch eine A-Form auszeichnete. Wie hieß es?**

a) Babydoll
b) Cotte
c) Fibel
d) Surcot

77 **Aus welchem Stoff wurde in den 50ern das Chanel-Kostüm gefertigt?**

a) Satin
b) Leder
c) Seide
d) Tweed

78 **Welches Accessoire war in den 50ern in vielen deutschen Kleiderschränken zu finden?**

a) Brosche in Herzform
b) Nickituch
c) Krawattennadel aus Gold
d) Handtasche aus Baumwolle

79 Um welches Kleidungsstück handelt es sich bei Creepers?

a) Schuhe
b) Strümpfe
c) Handschuhe
d) Mützen

80 Gängiges Muster in den 50ern war das Pepita-Muster. Welche Farbkombination dominierte in diesem Bereich?

a) rot-grün
b) weiß-rot
c) schwarz-weiß
d) gelb-blau

81 Der französische Modeschöpfer Hubert de Givenchy schneiderte Audrey Hepburn Jahrzehnte lang die Kleider auf den Leib. Welches Parfüm widmete er ihr?

a) Sun
b) Trésor
c) All about Eve
d) L'Interdit

82 Worauf verzichtete eine Frau in den 50ern nur ungern?

a) Miederhosen
b) Muff
c) Gamaschen
d) Rauchjacke

83 Welches Kleidungsstück war neben Creepers und engen Hosen typisch für Angehörige der Bewegung Teddy Boys (Teds)?

a) knielange Anzugjackets
b) Fliege
c) Stirnband
d) Armreif

GESCHICHTE UND POLITIK

In Deutschland erholte sich die Bevölkerung in den 50ern mit großen Schritten von den Folgen des Zweiten Weltkriegs: Es ging stetig bergauf. Schlagwörter wie „Wirtschaftswunder“ und „beginnender Wohlstand“ sind eng mit dieser Zeit verknüpft. Als Symbol für die boomende Wirtschaftskraft galt der VW Käfer, der weltweit massenhaft verkauft wurde. Es gab sogar wieder so viel zu tun, dass man 1955 die ersten Gastarbeiter ins Land holte. Deutschland hatte in den 50ern noch mehr zu feiern: Die Insel Helgoland sowie das Bundesland Saarland wurden wieder Teil der Bundesrepublik. Überschattet wurden die positiven Nachrichten vom Kalten Krieg. Ost und West waren nicht nur in Deutschland in zwei Lager geteilt. Die Spannungen wirkten sich auf viele politische Entscheidungen aus. Die Angst vor einem neuen Krieg verstärkte sich durch die Wasserbombentests der US-Amerikaner. Trotz Kritik der Ostblockstaaten wurde Deutschland in die NATO aufgenommen; zeitgleich wurde die Bundeswehr gegründet. Die DDR hingegen hatte mit einem Volksaufstand zu kämpfen.

84

Nordkorea fiel am 25. Juni 1950 in Südkorea ein. Welche Nation unterstützte im nachfolgenden Koreakrieg die Nordkoreaner?

a) USA
b) Deutschland
c) China
d) Japan

!

Drei Jahre dauerten die Auseinandersetzungen an. Ein Waffenstillstand wurde erst am 27. Juli 1953 vereinbart.

85

1952 wurde die dritte Strophe des Deutschlandliedes als Nationalhymne festgelegt. Wer hat sie gedichtet?

a) August Heinrich Hoffmann von Fallersleben
b) Ludwig Uhland
c) Adelbert von Chamisso
d) Ernst Moritz Arndt

86

Helgoland wurde 1952 wieder ein Teil Deutschlands. Welcher Staat hatte die Insel vorher besetzt?

a) Frankreich
b) Großbritannien
c) Niederlande
d) Norwegen

87

Aus drei Ländern entstand 1952 das Bundesland Baden-Württemberg. Welches Land wurde mit Württemberg-Baden und Baden vereint?

a) Württemberg-Staufer
b) Württemberg-Wittelsbacher
c) Württemberg-Welfen
d) Württemberg-Hohenzollern

88 **Wer gründete 1950 die Partei „Block der Heimatvertriebenen und Entrechteten", die bei den Landtagswahlen in Schleswig-Holstein mehr Stimmen als die CDU erhielt?**

a) Heinrich Lübke
b) Waldemar Kraft
c) Heinrich Peter Hellwege
d) Dr. Gerhard Schröder

89 **Wem war Elisabeth II. 1952 auf den britischen Thron gefolgt?**

a) Georg VI.
b) Eduard VII.
c) Eduard VIII.
d) Georg V.

! Am 6. Februar 2012 feierte Elisabeth II. (* 1926) ihr 60. Thronjubiläum. Aus diesem Anlass bereiste sie verschiedene Gebiete im Königreich.

90 **In der DDR kam es 1953 zum Volksaufstand. Mit welchem Nationalfeiertag wurde dem Protest bis 1990 jährlich am 17. Juni gedacht?**

a) Tag des Sieges
b) Tag der Befreiung
c) Tag der Republik
d) Tag der deutschen Einheit

91 **Welche Regelung wurde 1953 in der Politik neu eingeführt?**

a) Hammelsprung
b) relative Mehrheit
c) Fünf-Prozent-Hürde
d) Zweiparteiensystem

92 **Auf welchem Plan basiert die Gründung der Europäischen Gemeinschaft für Kohle und Stahl (1952)?**

a) Schuman-Plan
b) Marshall-Plan
c) Goldener Plan
d) Morgenthau-Plan

! 2002 lief der Vertrag aus und wurde nicht verlängert. Die Regelungen wurden im Vertrag über die Arbeitsweise der Europäischen Union aufgenommen.

93 **Auf dem Eniwetok-Atoll im Pazifischen Ozean testeten die USA ihre Wasserstoffbomben. Unter welchem Decknamen wurden die Tests durchgeführt?**

a) Operation Wüstensturm
b) Operation Kingdom
c) Operation Walküre
d) Operation Ivy

94 **In der Sowjetunion löste Nikita Chruschtschow Georgi Malenkow als Ersten Sekretär der KPdSU ab. Welchen Kurs verfolgte er?**

a) Perestroika
b) friedliche Koexistenz
c) geistig-moralische Wende
d) Glasnost

95 **Was wurde Deutschland mit Unterzeichnung der Pariser Verträge u. a. erlaubt?**

a) Halbierung der Reparationen
b) Besteuerung von importierten Gütern
c) Wiederbewaffnung
d) Ausweitung der Staatsgrenzen nach Süden

96 Mit welchem Land schloss Deutschland 1955 das erste Anwerbeabkommen?

a) Italien
b) Türkei
c) Griechenland
d) Spanien

97 Wie lange mussten Bundeswehrsoldaten in den 50ern ihren Grundwehrdienst ausüben?

a) 9 Monate
b) 12 Monate
c) 15 Monate
d) 18 Monate

! Der ehemalige Offizier und Politiker Hasso von Manteuffel (1897–1978) hatte die Idee, die 1955 neu gegründete Armee Bundeswehr zu nennen.

98 Welcher Pakt, bei dem die Sowjetunion den Vorstand innehatte, wurde 1955 quasi als Gegenentwurf zu den Pariser Verträgen ins Leben gerufen?

a) Heilige Allianz
b) Brüsseler Pakt
c) Balkanpakt
d) Warschauer Pakt

99 1952 wurde in der DDR eine Sperrzone rund um die innerdeutsche Grenze eingerichtet. Was geschah innerhalb der anschließenden „Aktion Ungeziefer"?

a) Zwangsumsiedlungen
b) Errichtung einer ersten provisorischen Mauer
c) Festnahmen von Kindern
d) Untersuchung der NVA auf Spione

100 **1957 wurde die Rentenreform in Deutschland grundlegend geändert. Welches Prinzip kam zum Tragen?**

a) Kapitaldeckungsverfahren
b) Generationenvertrag
c) Zuflussprinzip
d) Insolvenzgeldumlage

! Die EWG erhielt 1993 den Namen Europäische Gemeinschaft (EG). Mit dem 2009 in Kraft getretenen Vertrag von Lissabon wurde sie aufgelöst.

101 **Welches Land gehörte neben Deutschland, Belgien, den Niederlanden, Luxemburg und Italien zu den Gründungsmitgliedern der Europäischen Wirtschaftsgemeinschaft?**

a) Schweiz
b) Österreich
c) Spanien
d) Frankreich

102 **Wer schloss sich im Rahmen der „kleinen Wiedervereinigung" 1957 nach einer Volksabstimmung wieder der Bundesrepublik Deutschland an?**

a) Sudetenland
b) Böhmen
c) Saarland
d) Mähren

103 **1952 trat das Betriebsverfassungsgesetz in Kraft. Wie hoch ist der Anteil der Aufsichtsratsmitglieder, die bei einer GmbH mit mehr als 500 Mitarbeitern und einer AG von den Arbeitnehmern gewählt werden?**

a) die Hälfte
b) ein Drittel
c) ein Viertel
d) ein Fünftel

104 **1950 wurde in Frankfurt am Main der Zentralrat der Juden gegründet. Wie hieß der erste Vorsitzende?**

a) Paul Spiegel
b) Herbert Lewin
c) Heinz Galinski
d) Ignatz Bubis

Der in Israel geborene Dieter Graumann (* 1950) übernahm 2010 den Präsidentenposten von Charlotte Knobloch (* 1932).

105 **In welcher Stadt nahm der Bundesgerichtshof 1950 seine Tätigkeit auf?**

a) Karlsruhe
b) München
c) Stuttgart
d) Berlin

106 **Welcher Hauptbestandteil eines Produktes, das von Millionen Frauen weltweit genutzt wird, wurde 1951 erstmalig synthetisch hergestellt?**

a) Faltencreme
b) Haarfärbemittel für blondes Haar
c) Mascara
d) Antibabypille

107 **1957 sank das frachtfahrende Schulschiff Pamir. Um welchen Schiffstypen handelte es sich hierbei?**

a) Felucke
b) Jolle
c) Viermastbark
d) Galeone

108 **Welchen Papstnamen nahm Angelo Giuseppe Roncalli nach seiner Wahl 1958 an?**

a) Pius XII.
b) Johannes XXIII.
c) Johannes Paul I.
d) Paul VI.

109 **Welche Organisation gründete Hermann Gmeiner, deren erste Einrichtung 1951 öffnete?**

a) SOS-Kinderdorf
b) UNICEF
c) Miserior
d) Adveniat

110 **In welchem Land fand die prunkvolle Hochzeit von Soraya und dem Schah Mohammad Reza Pahlavi statt?**

a) Bhutan
b) Oman
c) Saudi-Arabien
d) Persien

!

Von der Regenbogenpresse wurde Soraya in Anlehnung an ihre deutsche Mutter als „Deutsche auf dem Pfauenthron" bezeichnet.

111 **1958 wurde die Luft- und Raumfahrtbehörde NASA mit Hauptsitz in Washington D. C. gegründet. Welche Aktion wurde nicht von ihr durchgeführt?**

a) Mariner 1
b) Voyager 1
c) Sputnik
d) Apollo-Programm

KUNST UND KULTUR

Die 50er brachten viele neue literarische Köpfe hervor: Ernest Hemingway, Johannes R. Becher, Max Frisch, Günter Eich und noch viele mehr. Mit *Die Blechtrommel, Der Fänger im Roggen* und *Der Herr der Ringe* entstanden einige der wichtigsten Romane des 20. Jahrhunderts. Die Kunst wurde in den 50ern gleichermaßen gefördert. Das Guggenheim-Museum und das Getty-Museum öffneten ihre Pforten für die breite Öffentlichkeit, die photokina präsentierte zum ersten Mal ihre Ideen zum Thema Fotografie. Der später legendäre Künstler Andy Warhol zeigte seine erste bedeutende Einzelausstellung. Im Mittelpunkt seiner Ausstellung standen Zeichnungen zu Texten von Truman Capote – jenem aufsteigenden Literaten in den 50ern. In Brüssel lockte die erste Weltausstellung nach dem Zweiten Weltkrieg. Die *BILD*-Zeitung sorgte zum ersten Mal für Schlagzeilen, die Deutsche Welle nahm ihren Sendebetrieb auf. Fast jedes öffentliche Gebäude, das in den 50ern entstand, war entweder von Walter Gropius, Ludwig Mies van der Rohe, Oscar Niemeyer, Le Corbusier oder Egon Eiermann entworfen worden.

112 In welcher Stadt findet die seit 1950 alle zwei Jahre abgehaltene Messe für Fotografie, die photokina, statt?

a) Köln
b) Mailand
c) Paris
d) Barcelona

113 „Fifteen Drawings Based on the Writings of Truman Capote" nannte Andy Warhol 1952 seine erste Einzelausstellung. Welchem Kunstgenre wird er zugerechnet?

a) Action Painting
b) Fotorealismus
c) Pop-Art
d) Farbfeldmalerei

114 Die Deutsche Welle strahlt seit 1953 ihr Hörfunkprogramm aus. Was ist das Besondere?

a) nur Fußballgeschichten
b) Sendezeit auf drei Stunden begrenzt
c) nur weibliche Moderatoren
d) Sendungen in verschiedenen Sprachen

115 Am 24. Juni 1952 wurde die *BILD*-Zeitung zum Start kostenlos verteilt. Wie lautete die erste Schlagzeile?

a) Schluss mit der Marshall-Plan-Hilfe
b) Grenze bei Helmstedt wird gesichert
c) Bomben auf Nordkorea
d) Boxer de Aap schlägt Schiedsrichter k. o.

116 Wer schrieb den 1951 erschienenen Roman *Der Fänger im Roggen*?

117 Gegen welche Fischart kämpft der Fischer Santiago in der Novelle *Der alte Mann und das Meer* (1952)?

118 Welcher Roman stammt nicht von Max Frisch, der u. a. mit dem Georg-Büchner-Preis (1958) ausgezeichnet wurde?

a) *Homo faber*
b) *Baal*
c) *Stiller*
d) *Mein Name sei Gantenbein*

119 Mit der Trilogie *Der Herr der Ringe* erschien zwischen 1954 und 1955 eines der meist gelesenen Fantasieepen. Wie werden die Ringgeister genannt?

a) Orks
b) Balrogs
c) Ents
d) Nazgûl

120 Zu welchem Zyklus wird Günter Grass' *Die Blechtrommel* (1959) gezählt?

a) Rabbit-Pentalogie
b) Grals-Zyklus
c) Danziger Trilogie
d) Dekalog-Serie

121 Mit welcher Schriftstellerin war der Lyriker und Hörspielautor Günter Eich verheiratet?

a) Ingeborg Bachmann
b) Nelly Sachs
c) Elisabeth Endres
d) Ilse Aichinger

122 Wie nannte sich die Schriftstellergruppierung, die der Autor Hans Werner Richter initiiert hatte?

a) Der Blaue Reiter
b) Gruppe 47
c) Göttinger Sieben
d) Charta 77

123 **Wer spielte bei der Uraufführung des Theaterstücks *Der Besuch der alten Dame* von Friedrich Dürrenmatt 1956 die Hauptrolle?**

a) Therese Giehse
b) Erika Mann
c) Elisabeth Ida Marie Flickenschildt
d) Marianne Hoppe

124 **In den 50ern entstanden neue Museen wie das Getty-Museum (1953) oder das 1959 umgebaute Guggenheim-Museum. Worauf legt Letzteres seinen Schwerpunkt?**

a) Bildhauerei
b) Wandmalerei
c) Bleistiftzeichnungen
d) Abstrakte Malerei

125 **Welche 1955 eingeführte Veranstaltung ist auch unter der Bezeichnung „Museum der 100 Tage“ bekannt?**

a) Biennale di Venezia
b) Art Cologne
c) documenta
d) Münchener Biennale

126 **Welcher Nobelpreisträger war in den 50ern äußerst kreativ und schuf Werke wie *Und sagte kein einziges Wort* (1953) sowie *Haus ohne Hüter* (1954)?**

a) John Steinbeck
b) Heinrich Böll
c) Boris Pasternak
d) Samuel Beckett

127 **Welche Aufgabe übernahm innerhalb der DDR Johannes R. Becher, der den Text *Auferstanden aus Ruinen* verfasst hatte?**

a) Minister für Kultur
b) Sekretär des Staatsratsvorsitzenden
c) Leiter des Deutschen Fernsehfunks
d) Überwachung von Dissidenten im Bereich Kultur

128 Walter Gropius, Ludwig Mies van der Rohe, Le Corbusier und Egon Eiermann bestimmten die Architektur der 50er. Welche Hauptstadt gestaltete Oscar Niemeyer?

a) Lima
b) Mexiko-Stadt
c) Buenos Aires
d) Brasilia

129 Welche architektonische Strömung war in den 50ern vorherrschend?

a) Internationaler Stil
b) Jugendstil
c) Futurismus
d) Reformstil

130 Die in der DDR eröffnete Deutsche Akademie der Künste hat ihren Ursprung in der Academie der Mahler-, Bildhauer- und Architectur-Kunst. Wer gründete diese 1696?

a) Kurfürst Karl Theodor
b) Kurfürst Georg Wilhelm
c) Kurfürst Maximilian IV. Joseph
d) Kurfürst Friedrich III. von Brandenburg

131 Mit wem pflegte der französische Intellektuelle Jean-Paul Sartre ein enges Verhältnis?

132 Welcher Schriftsteller, der u. a. den Roman *Die Pest* (1947) verfasst hatte, erhielt 1957 den Nobelpreis für Literatur?

133 Welches Stück von Agatha Christie läuft seit 1952 ununterbrochen im West End in London?

a) *Die Mausefalle*
b) *Die Morde des Herrn ABC*
c) *Das Böse unter der Sonne*
d) *Mord im Orient-Express*

134 In den 50ern kam die Schriftstellerkarriere von Truman Capote richtig ins Rollen. Für welchen Film lieferte er die literarische Vorlage?

a) *Moby Dick*
b) *Boulevard der Dämmerung*
c) *Zwölf Uhr mittags*
d) *Frühstück bei Tiffany*

Marilyn Monroe und Truman Capote

135 Seit 1959 verteidigt Asterix gemeinsam mit Obelix sein kleines gallisches Dorf. Wer ist das Oberhaupt des Ortes?

a) Miraculix
b) Majestix
c) Troubadix
d) Gutemine

136 Comics wie *Fix und Foxi* und *Mecki* erlebten in den 50ern einen wahren Boom. Welchen Slogan äußerte Nick Knatterton stets im gleichnamigen Comic?

a) „Ich hab's!"
b) „Verstehe"
c) „Kombiniere"
d) „Mal überlegen …"

137 In welcher Stadt fand 1951 die in heutiger Form ausgeübte Bundesgartenschau statt, die sich mit dem Thema Gartenbau auseinandersetzt?

a) Hannover
b) Bonn
c) Dortmund
d) Essen

138 Welche Sehenswürdigkeit in Brüssel wurde anlässlich der Expo 58 errichtet?

a) Triumphbogen im Jubelpark
b) Manneken Pis
c) Atomium
d) Kathedrale Saint Michel

ALLTAG

In den 50ern waren die Autos – im Gegensatz zu heute – klein und praktisch. Trotzdem war in den meisten Fällen immer Platz für mindestens vier Leute. Damals hießen die Fahrzeuge noch Goggomobil, Zündapp Janus oder Trabant. Der Hit war der VW Käfer, den nicht nur in Deutschland Tausende Menschen ihr Eigen nannten. Wer einmal allein unterwegs war, der schnappte sich einen Vespa-Roller, um am Kiosk die frisch erschienene *BRAVO*-Zeitschrift zu kaufen. Trotz des neu beschlossenen Gleichstellungsgesetzes, das dem weiblichen Geschlecht neue Rechte zusprach, waren Frauen in den 50ern häufig noch das Heimchen am Herd. Gut, dass ihnen neue technische Erfindungen einen Großteil der Arbeit im Haushalt erleichterten. Kinder bekamen in den 50ern eine neue Spielgefährtin – die Barbie-Puppe. In deutschen Wohnzimmern standen entweder wuchtige, massiv gebaute Möbel („Gelsenkirchener Barock") oder moderne, schwungvoll gebogene Tische und Lampen. So viele Bundesbürger wie nie zuvor fuhren in den Ferien in den Urlaub. Beliebtes Ferienziel war damals wie heute Bella Italia.

139 **Welche Werbefigur ging gern mal in die Luft?**

140 **Wie hieß das Spielzeug aus Kunststoff, das die Kinder in den 50ern schwungvoll um ihre Hüften kreisen ließen?**

141 **In welcher gastronomischen Einrichtung trafen sich Jugendliche in ihrer Freizeit?**

a) Kakaobar
b) Kaffeebar
c) Saftbar
d) Milchbar

142 **Welches Möbelstück war damals in einigen deutschen Haushalten zu finden?**

a) Schreibtisch mit Holzimitatfolien
b) Musiktruhe
c) Küchen in Apfelgrün
d) Tigerfelle

143 **Welche Lampenart war in den 50ern in?**

a) Space Age Lampe
b) Lavalampe
c) Tütenlampe
d) Petroleumlampe

144 **Viele kleine Helfer erleichterten den Frauen im Haushalt die Arbeit. Welcher Gegenstand gehörte nicht dazu?**

a) Brotmaschine
b) Mikrowelle
c) elektrische Kaffeemühle
d) Toaster

145 **Wie viele Autos der Baureihe Trabant wurden in der Zeit zwischen 1957 und 1991 produziert?**

a) ca. 500.000
b) ca. 1.000.000
c) ca. 3.000.000
d) ca. 5.000.000

146 **Erwachsene kurvten häufig mit dem Rollermobil Zündapp Janus oder einem Vespa-Roller durch die Gegend. Was war an dem Rollermobil außergewöhnlich?**

a) unterschiedliche Blickrichtung von Fahrer und Mitfahrer
b) nur eine Tür
c) Lenkrad auf der rechten Seite
d) keine seitlichen Fenster

147 **Mit Inkrafttreten des Gesetzes über die Gleichberechtigung von Mann und Frau (1958) bekamen Frauen neue Rechte. Was durften sie fortan tun?**

a) das Wahlrecht ausüben
b) als Polizeibeamte arbeiten
c) ohne männliche Begleitung Auto fahren
d) eingebrachtes Vermögen selbst verwalten

148 **Der Konzern Disney war in den 50ern allgegenwärtig: 1951 erschien z. B. das erste Micky-Maus-Heft. In welcher Stadt wurde 1955 der Freizeitpark Disneyland eröffnet?**

a) Paris
b) Hongkong
c) Anaheim
d) Tokio

149 Auf der Messe American Toy Fair wurde 1959 ein neues Spielzeug präsentiert – die Barbie-Puppe. Wie heißt eine ihrer Schwestern?

a) Skipper
b) Midge
c) Francie
d) Christie

150 Den Abend verbrachte die Familie gern mit gemeinsamem Spielen. Welches Gesellschaftsspiel wurde 1959 erfunden?

a) Monopoly
b) Malefiz
c) Halma
d) Mensch ärgere dich nicht

151 Jugendliche informierten sich in der Zeitschrift *BRAVO* über Neuigkeiten rund um ihre Idole. Wer war auf dem ersten Starschnitt, einer Art Puzzle, abgebildet?

a) Elvis Presley
b) Marilyn Monroe
c) James Dean
d) Brigitte Bardot

152 Welche Pflanze durfte in den 50ern in keinem Wohnzimmer fehlen?

a) Kaktus
b) Hibiskus
c) Palme
d) Gummibaum

153 Welche Tischform erfreute sich großer Beliebtheit?

154 Welche Sitzgelegenheit wurde zahlreich verkauft?

a) Chaiselongue
b) Récamière
c) Cocktailsessel
d) Massagesessel

155 Welcher Tanz war in den 50ern üblich?

a) Samba
b) Boogie-Woogie
c) Tango
d) Hula

! Anfänglich baute die Hans Glas GmbH, die in Dingolfingen ansässig war, Landmaschinen, später auch Motorroller.

156 Wie hieß das ab 1952 von der Hans Glas GmbH für eine vierköpfige Familie produzierte Auto?

157 Welchen Erfolg feierte das Volkswagenwerk 1955?

a) Produktion des millionsten Käfers
b) Auszeichnung „Auto des Jahres"
c) Verkauf an den Sultan von Brunei
d) Übernahme des schärfsten Konkurrenten

158 Von welchem Stärkungsmittel erhofften sich Erwachsene ab 1953 wahre Wunder?

a) Doppelherz
b) Frauengold
c) Klosterfrau Melissengeist
d) Schüßler-Salze

159 An welches Nahrungsmittel erinnerte die Form vieler Kioskgebäude?

a) Birne
b) Brokkoli
c) Apfel
d) Pilz

160 Ein Großteil der Deutschen fuhr mit dem eigenen PKW in den Urlaub nach Italien. Welcher Urlaubstrend kam ebenfalls in den 50ern auf?

a) Surfen
b) Bergsteigen
c) Campen
d) Tiefseetauchen

SPRACHE

Nur wenige der Ausdrücke, die in den 50ern gang und gäbe waren, haben überlebt. Oder sagen Sie noch „Backfisch" oder „Menage"? Ein beliebtes Spiel unter Jugendlichen und Erwachsenen war es, sich für den Messerschmitt Kabinenroller oder die Isetta eine neue Bezeichnung auszudenken. Dabei kamen die witzigsten und ungewöhnlichsten Kreationen heraus. Partys waren damals noch keine Partys, sondern Feten; Mädchen, die man toll fand, wurden noch nicht als „hot" bezeichnet. Wer dachte, das Wort „Warmduscher" für eine schwächliche Person wäre kreativ, der sollte sich einmal anhören, mit welchem Begriff in den 50ern Jungen dieser Kategorie bezeichnet wurden. Hotten, Milchrahm, Sänfte – all diese Begriffe sind fast ausschließlich aus unserem Wortschatz verschwunden. Sobald eins dieser Wörter in einem Text oder einem Lied auftaucht, kann man sich sicher sein, dass er in den 50ern entstanden ist. Einzig der Vorgänger für „cool" oder „geil" scheint in so manchen Dialekten überlebt zu haben und ein kleines Revival zu erleben.

161 **Wer wurde als Halbstarker bezeichnet?**

a) aggressiv auftretende Jugendliche
b) Schulabbrecher
c) Kleinwüchsige
d) Männer über 80

Karin Baal und Horst Buchholz in *Die Halbstarken*

162 **Wer in den 50ern „hottete", der ...?**

a) schrie laut
b) lachte sich schief
c) tanzte wild
d) rannte merkwürdig

163 **Was heute „cool" oder gar „porno" ist, wurde früher mit welchem Wort ausgedrückt?**

a) knallhart
b) voluminös
c) harzig
d) töfte

164 **Wer sein eigenes Zimmer meinte, der sprach auch von ...?**

a) Sänfte
b) Karton
c) Verließ
d) Kiste

165 **Was verstand man unter einem „Backfisch"?**

a) Kirchgänger
b) Teenager
c) Bademeister
d) schlichte Mahlzeit

166 **Statt eine Party zu veranstalten, war welche Redewendung üblich?**

a) Bierchen zischen
b) Klammerblues-Abend
c) Sit-in mit Freunden
d) Fass aufmachen

167 **Welche Bezeichnung für Mauerblümchen wurde in den 50ern verwendet?**

a) hohler Zahn
b) Schabracke
c) Olle
d) Krummmädel

168 **Mit Milchrahm wurde nicht nur ein Lebensmittel bezeichnet. Was war darunter noch zu verstehen?**

a) Morgentau
b) nicht ausgereifte Kokosnuss
c) Nebelschwaden
d) junges Mädchen

! Rahm wird u. a. zu Sahne und Crème fraîche weiterverarbeitet.

169 **Wer zur „Menage" rief, lud wozu ein?**

a) Diskussion
b) Essen
c) Theaterbesuch
d) Abstimmung

170 **Welches Adjektiv wurde mit dem Wort „Schau" umschrieben?**

a) klein
b) abartig
c) großartig
d) umständlich

171 Jungs, die ein Mädchen hübsch fanden, nannten es …?

a) kesse Biene
b) steiler Zahn
c) heißer Schlitten
d) scharfes Gerät

172 Wie hieß ein Junge, der bei bestimmten Dingen nicht mitmachte?

a) Zickendraht
b) Heulsuse
c) Warmduscher
d) Lämmchen

173 Welche Umschreibung stand nicht für den Messerschmitt Kabinenroller?

a) Schneewittchensarg
b) Käseglocke
c) rollende Zigarre
d) Hydrant

174 Wie wurde die Isetta im Volksmund auch betitelt?

a) Mini-Feuerwehr
b) Knutschkugel
c) Froschauge
d) halbes Hähnchen

175 „Benutz doch mal dein Laufwerk!" Was war damit gemeint?

a) Beine
b) Gehirn
c) Augen
d) Ohren

SPORT

1954 geschah das, was niemand zuvor für möglich gehalten hatte: Die deutsche Nationalmannschaft gewann die Fußball-Weltmeisterschaft. Trainer Sepp Herberger und Helmut Rahn mit seinem 3:2-Siegtreffer hatten „Das Wunder von Bern" erst möglich gemacht. Nach dem Ende des Zweiten Weltkriegs gewann der Sport wieder an Bedeutung, neue Konzepte und Organisationen wurden ins Leben gerufen. 1950 schlug die Formel-1-Geschichte z. B. ein neues Kapitel auf. Der Italiener Giuseppe Farina angelte sich in dieser Sportart den ersten Weltmeistertitel. Kein Berg war den Sportlern in den 50ern zu hoch. In dieser Zeit gelang die Erstbesteigung des Mount Everest und des K2. Für Höchstleistungen sorgte auch Hans Günter Winkler, der bei Olympischen Spielen und Weltmeisterschaften von Sieg zu Sieg ritt. Als neue Wettbewerbe etablierten sich neben den traditionellen Olympischen Spielen die Asienspiele sowie die Mittelmeerspiele. In der Bundesrepublik nahmen der Deutsche Turner-Bund sowie die Deutsche Olympische Gesellschaft zum ersten Mal ihre Tätigkeit auf.

176 **Auf welcher Rennstrecke startete 1950 das erste Rennen in der neu konzipierten Formel-1-Weltmeisterschaft?**

a) Hockenheim
b) Silverstone
c) Monte Carlo
d) Indianapolis

177 **1950 erlebte der Deutsche Turner-Bund ein Revival. Wer gilt als Urvater der Turnbewegung in Deutschland?**

a) Ebenezer Howard
b) Friedrich Wilhelm Fröbel
c) Friedrich Ludwig Jahn
d) Johann Sperl

178 **Gegen wen bestritt die deutsche Fußballnationalmannschaft, die bis 1950 vom internationalen Spielverkehr ausgeschlossen war, ihr erstes Länderspiel?**

a) Schweiz
b) Österreich
c) Portugal
d) Italien

179 **In Neu-Delhi wurden 1951 erstmalig die Asienspiele ausgetragen. Welche Sportart ist kein Teil der heutigen Wettkämpfe?**

a) Handlaufen
b) Drachenboot
c) Brettspiele
d) Wusshu

180 **Wem gelang die Erstbesteigung des Nanga Parbat?**

a) Willo Welzenbach
b) Willy Merkl
c) Hermann Buhl
d) Heinrich Harrer

181 **Welche Zeitschrift gibt die 1951 ins Leben gerufene Deutsche Olympische Gesellschaft heraus?**

a) *Fünf Ringe*
b) *Olympisches Feuer*
c) *Athens Kinder*
d) *Sport im Blick*

182 **Welchen Namen trägt die Halle in Dortmund, die bei der Wiedereröffnung 1952 die größte Sporthalle Europas war?**

a) Jahrhunderthalle
b) Grugahalle
c) Westfalenhalle
d) Glückauf-Halle

183 **Welcher Boxer erhielt den Spitznamen „Der braune Bomber"?**

a) Joe Louis
b) Muhammad Ali
c) George Foreman
d) Joe Frazier

184 **Welcher Sportler stellte den Rekord auf, die 5000-m- und 10.000-m-Strecken sowie im Marathon bei denselben Olympischen Sommerspielen (1952) zu gewinnen?**

a) Fritz Käpernick
b) Paavo Nurmi
c) Jesse Owens
d) Emil Zátopek

185 **Welchen Berg bestiegen Edmund Hillary und Tenzing Norgay am 29. Mai 1953 als Erste?**

a) Zugspitze
b) Mount Everest
c) Kilimandscharo
d) Kangchendzönga

186 **Wer holte in den 50ern gleich fünfmal den Formel-1-Weltmeistertitel?**

a) Stirling Moss
b) Giuseppe Farina
c) Juan Manuel Fangio
d) José Froilán González

187 **Wer stand beim „Wunder von Bern" (1954) im Tor?**

a) Toni Turek
b) Horst Eckel
c) Werner Liebrich
d) Karl Mai

188 **Welcher deutsche Boxer erkämpfte sich 1958 den Europameistertitel im Mittelgewicht?**

a) Norbert Grupe
b) Bubi Scholz
c) Max Resch
d) Max Schmeling

189 **1958 gewann Brasilien die Fußball-Weltmeisterschaft. Welcher spätere Weltstar war als 17-Jähriger Teil der Mannschaft und ist der bisher jüngste Weltmeister?**

a) Djalma Santos
b) Pelé
c) Nílton Santos
d) Didi

190 **Mit welcher Partnerin trat Hans-Jürgen Bäumler erfolgreich beim Eiskunstlauf an?**

a) Ina Bauer
b) Margret Göbl
c) Sigrid Knacke
d) Marika Kilius

LEBENSMITTEL

Nichts führte in den 50ern an Clemens Wilmenrod vorbei. Der deutsche Fernsehkoch begeisterte mit seinen kreativen, aber doch einfachen Gerichten die Nation. Er erfand nicht nur das „Arabische Reiterfleisch", sondern machte die „Gefüllte Erdbeere" zu einem Hit. Diese war in ihrer Schlichtheit nicht zu übertreffen. Kalte Platten mit Russischen Eiern und Königinpastetchen wurden auf Partys gern als Häppchen gereicht. Dazu gab es „Kullerpfirsiche" und „Blonden Engel". Als warme Mahlzeit wurde sonntags gern Spickbraten oder ein Schnitzel Holstein aufgetischt. Hackbraten, mariniert mit verschiedenen Gewürzen, mit Zwiebeln, Ei und Paniermehl angereichert, durfte in den 50ern ebenfalls nicht fehlen. Zum Nachtisch gab es „Kirschenmichel" oder Grillage-Torte, eine besonders ausgefallene Biskuittorte, die schon Mitte des 19. Jahrhunderts Schleckermäulern den Tag versüßte. Seit den 50ern durfte es besonders gern an kalten Tagen das ein oder andere Glas Feuerzangenbowle sein.

191 **Was soll Herta Heuwer, die sich 1959 den Namen ihrer Chillup-Sauce schützen ließ, angeblich erfunden haben?**

a) Frikandel
b) Currywurst
c) Hamburger
d) Hot Dog

192 **Die Kreation „Gefüllte Erdbeere“ sorgte in den 50ern für Aufsehen. Womit war sie gefüllt?**

a) Mandel
b) Rum
c) Schokolade
d) Rosinen

193 **Für welche Spezialität erhielt der deutsche Konditor Richard Kurth bei der Weltausstellung 1958 einen Preis?**

a) Mozartkugel
b) Sachertorte
c) Ischler Törtchen
d) Lübecker Marzipan

194 **Welches Obst darf bei einem Toast Hawaii nicht vergessen werden?**

a) Nektarine
b) Mandarine
c) Pfirsich
d) Ananas

195 **Was verbirgt sich hinter dem kunstvollen Namen „Arabisches Reiterfleisch“?**

a) geschmorte Gans
b) Hackfleisch mit Gewürzen
c) Entenleberpastete
d) gegrilltes Hühnerfleisch

196 Welches Gericht war in den 50ern auf jeder Party zu finden?

a) Käseigel
b) Eiskonfekt
c) Senfkuchen
d) Salamiwürstchen mit Dip

197 Was ist ein wichtiger Bestandteil der Grillage-Torte?

a) Vanillepudding
b) Mokkacreme
c) Bananenmousse
d) Apfelstückchen

198 Welches Nahrungsmittel ist neben einem mit einem Fisch belegten Weißbrot Bestandteil eines Schnitzel Holstein?

a) Bratkartoffeln
b) Rösti
c) Spiegelei
d) Knödel

199 Was ist ein „Kullerpfirsich", der in den 50ern gern serviert wurde?

a) alkoholisches Getränk
b) Weihnachtsgebäck
c) Eisbecher
d) Obstsalat

200 Welche Süßspeise wurde als „Kuchen ohne Backen" gefeiert?

a) Süße Katze
b) Bunter Haufen
c) Kalter Hund
d) Schwarzer Igel

201 Nach welcher Mahlzeit wird die Süßspeise „Kirschenmichel“ traditionell gegessen?

a) Brathering
b) Bretzel
c) Rippchen
d) Suppe

202 Was war in den 50ern auf jeder kalten Platte zu sehen?

a) Karottenwürfel
b) Mozzarella-Sticks
c) Cracker
d) Fliegenpilz-Ei

203 Womit werden Königinpastetchen gefüllt?

a) Kalbfleisch
b) Weißwein
c) Crème brulée
d) Bier

204 Welcher Alkohol ist Hauptbestandteil des Longdrinks „Blonder Engel“?

a) Blue Curaçao
b) Wodka
c) Eierlikör
d) Sherry

205 Was wird als Garnierung bei der klassischen Form von Russischen Eiern auf die Remoulade gesetzt?

a) Sahne
b) Cocktailtomaten
c) Kaviar
d) Pilze

1d) Ragtime

Rock 'n' Roll ist eine Mischung aus Rhythm and Blues und Countrymusik. Bands in den 50er-Jahren bestanden in der Regel aus einem Leadsänger, einem Gitarristen, einem Bassisten und einem Schlagzeuger. Ergänzt wurde die Combo teilweise von einem Klavierspieler oder einem Saxofonisten. Im Laufe der Jahre entstanden mehrere Spielarten des Rock 'n' Roll, die sich vor allem durch die verwendeten Instrumente und unterschiedlichen Spielgeschwindigkeiten voneinander unterscheiden. Am bekanntesten ist die Rockabilly-Variante, die vom jungen Elvis Presley sowie Jerry Lee Lewis und Vincent Gene gespielt wurde.

2a) Duckwalk

Beim Duckwalk lief Chuck Berry (* 1926) auf einem Bein stehend über die Bühne. Dafür ging er in die Hocke und knickte das Bein angewinkelt ein. Das andere Bein warf er rhythmisch in der Luft nach oben und nach unten. Auf diese Art robbte er sich Gitarre spielend über die Bühne. Perfektioniert hat den Duckwalk der Gitarrist der Band AC/DC, Angus Young (* 1955). Keine seiner Shows kommt inzwischen ohne den Duckwalk aus.

3b) Trompete

Miles Davis (1926–91) war für seine Improvisationsfreude und seinen Hang zu Experimenten bekannt. 1955 gründete er das Miles Davis Quintett, das sich in der Jazz-Szene schnell einen Namen machte. Mit seinem achten Studio-Album *Kind of Blue* (1959), auf dem u. a. die Single *So What* zu finden ist, sicherte sich Davis endgültig seinen Platz in der Musikgeschichte. Kein Jazz-Album ist bisher öfter verkauft worden. Im Laufe seiner Karriere trat der Trompeter noch mit zahlreichen anderen Formationen auf.

4c) Sopran

Mit ihrem gewaltigen Stimmumfang zählt die Griechin Maria Callas (1923–77) zu einer der berühmtesten Opernsängerinnen des 20. Jahrhunderts. Sie verhalf den von Gioachino Rossini (1792–1868) sowie Vincenzo Bellini (1801–1835) komponierten Opern im Belcanto-Stil zu einer neuen Blütezeit. Ihr Publikum verzückte sie u. a. mit der Darstellung der Hauptfigur in Verdis *La Traviata*. Abseits ihrer Gesangskarriere sorgte sie durch ihre Affäre mit dem griechischen Ölbaron Aristoteles Onassis (1906–75) für Schlagzeilen.

5b) 33⅓ Umdrehungen pro Minute

Zu Beginn des 20. Jahrhunderts wurden die Schallplatten zunächst noch aus Schellack, einem Stoff, der aus Gummilack gewonnen wird, hergestellt. Die Abspielgeschwindigkeit lag bei 78 Umdrehungen pro Minute. 1948 setzte sich die PVC-Variante durch, die eher unter dem Namen „Vinyl-Scheibe" bekannt ist. Häufig wurden Langspielplatten (LP) mit einer Geschwindigkeit von 33⅓ Umdrehungen pro Minute produziert.

6d) Schweiz

Beim ersten Eurovision Song Contest mussten die Musiker in ihrer Landessprache singen. Unter den sieben teilnehmenden Nationen setzte sich die Schweiz mit ihrer Kandidatin Lys Assia (* 1924) als Sieger durch. Ihr Titel *Refrain* überzeugte die Jury, die sich aus zwei Repräsentanten eines jeden Staates zusammensetzte. Da die Abstimmungszettel nach der Wahl vernichtet wurden, sind die weiteren Plätze nicht mehr genau nachzuvollziehen. Jede Nation präsentierte zwei Lieder, die von zwei verschiedenen Interpreten gesungen werden durften. Deutschland ging mit Freddy Quinn (* 1931) und Walter Andreas Schwarz (1913–92) an den Start.

Freddy Quinn

7c) Chrom

Das Prinzip der Jukebox ist relativ einfach: Man wirft eine Münze in das Gerät, wählt den Buchstaben oder die Zahl, die dem Lieblingstitel zugeordnet ist, und schon kann es losgehen. Musikliebhaber konnten zeitweise zwischen 120 verschiedenen Liedern wählen, die in einer Jukebox untergebracht waren. In den 50ern wechselte das Design von Plastik und Formen, die an Pfeiler erinnerten, zu Chrom und Glas. Vorbild für das extravagante Muster lieferten die wuchtigen Straßenkreuzer mit ihren verchromten und ausladenden Heckflossen.

8a) Peter Kraus

1958 kam niemand an Peter Kraus' Erfolgshit *Sugar Baby* vorbei. Zuvor hatte er mit der deutschen Variante von *Tutti Frutti* auf sich aufmerksam gemacht. Von der Presse wurde Peter Kraus (* 1939), der sich dem Rock 'n' Roll verschrieben hatte, stets mit Elvis Presley verglichen. Oft sang er erfolgreiche US-Songs, die mit deutschen Texten ausgestattet wurden. Mit der Sängerin Conny Froboess trällerte er sich durch die Schlagerfilme *Wenn die Conny mit dem Peter* (1958) und *Conny und Peter machen Musik* (1960).

9b) *Rock Around the Clock*

1954 gilt als die Geburtsstunde des Rock 'n' Roll. In diesem Jahr wurde die Single *Rock Around the Clock* herausgebracht. Der Erstveröffentlichung des Songs war jedoch nur mittelmäßiger Erfolg beschieden. Erst nachdem das von Bill Haley & His Comets eingespielte Lied in dem Film *Die Saat der Gewalt* (1955) auftauchte, verkaufte sich *Rock Around the Clock* millionenfach. Mit *See You Later, Alligator* (1956) konnte sich Bill Haley (1925–81) erneut weit oben in den Charts platzieren.

Cadillac mit verchromten Heckflossen

10c) Friedberg

Der „King of Rock 'n' Roll" brach alle Rekorde. Er stand mit mehreren Nummern, u. a. *Heartbreak Hotel* (1955), *Hound Dog* (1956) und *Jailhouse Rock* (1957) auf Platz 1 der Charts, erhielt 14 Grammy-Nominierungen und verkaufte weit über eine Milliarde Schallplatten und CDs. Auch nach seinem Tod bringt Elvis Presley (1935–77) den Plattenfirmen Millionen ein: Seine Werke werden weiterhin massenweise in aller Welt gekauft. Rund eineinhalb Jahre lebte er im deutschen Bad Nauheim, um im benachbarten Friedberg seinen Wehrdienst abzuleisten. In Bad Nauheim traf er zum ersten Mal seine spätere Ehefrau Priscilla Presley (* 1945).

Elvis-Presley-Denkmal in Memphis, Tennessee

11a) The Day the Music Died

Buddy Holly (1936–59) stand eine große Zukunft als Musiker bevor. Mit *That'll Be the Day* und *Peggy Sue* hatte er 1957 erste große Charterfolge gefeiert. Der ehemalige Countrysänger war dabei, eine echte Größe im Rock 'n' Roll zu werden, als er am 3. Februar 1959 in Iowa mit einem Flugzeug abstürzte. Das Musical *Buddy*, Fernsehverfilmungen, Museen und Ausstellungen lassen die Erinnerung an den Brillenträger weiterhin aufleben.

12b) Lido

Die Kessler-Zwillinge (* 1936) machten sich vor allem als Tänzerinnen einen Namen. Weltweit waren die schauspielernden Schwestern gern gesehene Gäste in TV-Shows. Besonders in Italien erfreuten sie sich großer Beliebtheit. Sie gehörten zu den ersten Frauen, die im italienischen Fernsehen Bein zeigten. Die dort erschienene *Playboy*-Ausgabe wurde ein Verkaufshit. 1987 erhielten Alice und Ellen Kessler das Bundesverdienstkreuz am Bande.

13d) Sonnenbrille

Der kurzsichtige Roy Orbinson (1936–88) war bei einem Auftritt 1963 gezwungen, mit Sonnenbrille aufzutreten, da er seine normale Sehhilfe vergessen hatte. Fortan wurde das Accessoire zu seinem Erkennungszeichen. Zu Beginn seiner Karriere ging Orbinson mit Musikgrößen wie Johnny Cash, Carl Perkins oder den Beatles auf Konzertreise. Mit seinem 1989 erschienenen Album *Mystery Girl* konnte er nach langer Zeit an den Erfolg von *Oh, Pretty Woman* (1964) anknüpfen.

14b) Man in Black

Seine Auftritte im Folsom-Gefängnis (1968) sowie im San-Quentin-Gefängnis (1969) sind legendär. Vor zahlreichen Sträflingen sang Johnny Cash (1932–2003) Hits wie *I Walk the Line* (1956), *Get Rhythm* (1956) und *Ring of Fire* (1963). Der Sänger kam zwischenzeitlich selbst mehrmals mit dem Gesetz in Konflikt, da er lange Zeit tabletten- und alkoholabhängig war. Aus der Krise half ihm seine spätere zweite Ehefrau June Carter (1929–2003). Anfang der 70er änderte Cash sein Aussehen: Er trug fortan nur noch die Farbe Schwarz.

15a) Harry Belafonte

Einige Zeit auf Jamaika aufgewachsen, brachte Harry Belafonte (* 1927) bei seinem Umzug den dort vorherrschenden Musikstil, den Calypso, mit in die USA. Sein Album *Calypso* hielt sich mehrere Wochen an der Spitze der Charts. Mit dem *Banana Boat Song* trat er 1978 sogar in der Fernsehsendung *Muppet Show* auf. Musikalisch arbeitete er häufig mit Miriam Makeba (*Pata Pata*) und Nana Mouskouri (*Weiße Rosen aus Athen*) zusammen und verhalf ihnen zu größerer Bekanntheit. Der UNICEF-Botschafter führte zeitweise durch seine eigene Show und wirkte in diversen Filmen mit.

Dorothy Dandridg und Harry Belafonte in *Heiße Erde*

16b) USA

Bill Ramsey wurde am 17. April 1931 in Cincinnati, Ohio, geboren. In den 50ern kam er nach Deutschland, weil er in der Bundesrepublik seinen Wehrdienst ableisten musste. Hier stand der begeisterte Jazz-Musiker gemeinsam mit Paul Kuhn (* 1928) und James Last (* 1929) auf der Bühne. Erfolge feierte er mit den Stücken *Pigalle (Die große Mausefalle), Zuckerpuppe (aus der Bauchtanz-Truppe)* und *Ohne Krimi geht die Mimi nie ins Bett*. In den 60ern stand Ramsey vermehrt für Filmkomödien vor der Kamera.

17b) *Ein Herz voller Musik*

Addio, donna grazia (1951) bedeutete den Durchbruch für Vico Torriani (1920–98) in Deutschland. 1957 folgte der Nummer-eins-Hit *Siebenmal in der Woche.* Als Showmoderator begrüßte Torriani zunächst in der Schweiz, später auch in Deutschland zahlreiche prominente Gäste. Erste Gehversuche machte er in den Sendungen *Hotel Victoria* und die *Vico-Torriani-Show,* bevor er mit der ZDF-Spielshow *Der goldene Schuss* (ab 1967) Millionen Zuschauer vor den Fernseher bannte.

18a) *Ganz Paris träumt von der Liebe*

Die italienische Künstlerin Caterina Valente (* 1931) begann schon in Kinderjahren ihre Gesangskarriere. In den 50ern war sie oft mit dem von Werner Müller geleiteten Orchester unterwegs. Zusammen nahmen sie das Stück *Malagueña* (1954) auf, das über die Grenzen Deutschlands hinaus bekannt wurde. Mit ihrem Bruder Silvio Francesco veröffentlichte Valente unter dem Künstlernamen Club Honolulu den Titel *Itsy Bitsy Teenie Weenie Honolulu-Strand-Bikini*. 1965 wurde ihr eine große Ehre zuteil, als ihr als erster Nichtamerikanerin der Fame Award verliehen wurde.

Caterina Valente

19d) Freddy Quinn

So erfolgreich wie Freddy Quinn (* 1931) war in Deutschland kein anderer Einzelkünstler. *Heimweh, Rosalie, Heimatlos, Der Legionär, Ich bin bald wieder hier, Die Gitarre und das Meer, Unter fremden Sternen* – sie alle standen in den 50ern auf Platz 1 der deutschen Charts. Hinzu kamen *La Paloma* (1961), *Junge komm bald wieder* (1963) sowie *Hundert Mann und ein Befehl* (1966). Quinn, Träger des Bundesverdienstkreuzes erster Klasse, betätigte sich hin und wieder in Komödien und Kriminalfilmen als Schauspieler.

20c) Kurt Feltz

Der in Wien geborene Peter Alexander (1926–2011) trat als Sänger, Schauspieler und Moderator auf. Sein Schauspielstudium hatte er 1948 am Max-Reinhardt-Seminar in Wien abgeschlossen. In Zusammenarbeit mit Kurt Feltz (1910–82) entstanden die Erfolgstitel *Der Mond hält seine Wacht* (1955) und *Ich weiß was Dir fehlt* (1956). Auch ohne Feltz konnte Alexander große Erfolge verbuchen. 1976 coverte er den Song *In 't kleine café aan de haven*. Sein *Die kleine Kneipe* avancierte in Deutschland zum Ohrwurm. Er wurde u. a. mehrfach mit dem Bambi und der Goldenen Kamera ausgezeichnet.

21a) schnelles Pianospiel

Oft hielt es die Zuhörer nicht mehr auf ihren Sitzen, wenn Little Richard (* 1932), eigentlich Richard Wayne Pennima, in die Tasten haute. Sein treibender Beat, das schnelle Pianospiel und der teilweise schrille Gesang brachten nicht nur sein Blut in Wallung. Als bestes Beispiel hierfür gilt die Single *Tutti Frutti* (1955). Die ebenfalls erfolgreichen Lieder *Long Tall Sally* und *Ready Teddy*, beide 1956, standen dem Song in nichts nach.

22c) DDR-Hymne

1949 vertonte Hanns Eisler (1898–1962) den von Johannes R. Becher (1891–1958) geschriebenen Text *Auferstanden aus Ruinen*. Die Gemeinschaftsarbeit wurde die offizielle Hymne der DDR. Für seine Leistung erhielt der Österreicher den Nationalpreis erster Klasse. Sein Wissen und seine Erfahrungen gab er ab 1949 als Vorsitzender der Meisterklasse für Komposition an der Deutschen Akademie der Künste weiter.

23) Familie Trapp

Das Musical *The Sound of Music* zeichnet die Geschichte der Familie Trapp nach. Maria kommt als Novizin zum Baron von Trapp, dem sie bei der Kindererziehung hilft und den sie später heiratet. Um der Einberufung zur Marine zu entgehen, flieht die Familie in die Schweiz und später in die USA, wo sie als Trapp Family Singers Berühmtheit erlangen.

24) Jets und Sharks

Die Handlung in dem Musical *West Side Story* erinnert an die tragische Liebesgeschichte von Romeo und Julia. In diesem Fall bekriegen sich die aus US-Amerikanern bestehende Gruppierung Jets und die puerto-ricanischen Sharks. Unglücklicherweise verlieben sich Maria und Tony ineinander. Die Beziehung wird von beiden Seiten nicht gutgeheißen. Es kommt zu einem tragischen Ende.

West Side Story

25d) Hochschule für Musik „Hanns Eisler" Berlin

Die Leistungen Günter Kochans (1930–2009) sind eng verknüpft mit Hanns Eisler; er war der Meisterschüler des bekannten Komponisten. Zu seinem Oeuvre zählen u. a. Sinfonien, Orchesterarrangements, Kantaten und Volkslieder. Er komponierte zudem die Oper *Karin Lenz* (1971). Auch im Bereich Filmmusik war er tätig (*Einmal ist keinmal*, 1955).

26a) Erbetheorie

Seine Gedanken zur marxistischen-leninistischen Erbetheorie legte Ernst Hermann Meyer (1905–88) in seiner 1950 gehaltenen Gedenkrede „Johann Sebastian Bach – Kein Ende, ein Anfang" ausführlich dar. Seinen Aufsatz glich das spätere Mitglied des Zentralkomitees der SED 1957 für eine Sammlung (*Aufsätze über Musik*) an die aktuellen Aussagen und Denkweisen der DDR-Politik an. Sein *Mansfelder Oratorium* (1950) erntete sowohl Lob als auch Kritik. 1965–71 fungierte Meyer als Präsident des Musikrates der DDR.

27d) Gene Vincent

Mit seinem Klassiker *Be-Bop-A-Lula* aus dem Jahr 1956 trat der Künstler Gene Vincent (1935–71) im gleichen Jahr auch in dem Film *The Girl Can't Help It* auf. Der überragende Durchbruch, wie ihn Elvis Presley oder Chuck Berry erlebt hatten, war dem US-Amerikaner nicht beschieden. Er konnte in der Folgezeit meist nur noch kleinere Achtungserfolge erzielen, wie etwa mit dem Song *Lotta Lovin'* (1957). Trotzdem wurde er 1998 in die begehrte Rock and Roll Hall of Fame aufgenommen.

28c) *Pack die Badehose ein*

Cornelia Froboess (* 1943) nannte sich in jungen Jahren zunächst „Die kleine Cornelia", später hörte sie auf den Namen Conny. Ihren Hit *Zwei kleine Italiener,* mit dem sie 1962 beim 7. Grand Prix Eurovision (1962) in Luxemburg den sechsten Rang belegt hatte, brachte sie später auch auf Niederländisch, Englisch und Italienisch heraus. In den vergangenen Jahren widmete sie sich verstärkt der Schauspielerei. In der Serie *Praxis Bülowbogen* übernahm sie beispielsweise den Part der Pia Michelis.

29a) Connie Francis

Als Jugendliche trat Connie Francis (* 1938) noch mit Akkordeon auf und sang bei kleineren Festen und Musikwettbewerben. Ihre ersten Singles erwiesen sich als Flops, erst mit *Who's Sorry Now* (1958) stieg ihr Bekanntheitsgrad enorm. Ihr 1959 zusammengestelltes Album *Connie Francis sings Italian Favorites* konnte ebenfalls viele Käufer für sich gewinnen. Weitere Songs in verschiedenen Sprachen folgten.

FILM UND FERNSEHEN

30b) *Der Mann, der zu viel wusste*

Doris Day (* 1924), die deutsche Wurzeln hat, haftete in den 50ern und 60ern das Image der Sauberfrau an. Sie führte ein Leben fernab von Skandalen und Gerüchten. Auch in ihren Filmen spielte sie oft die Rolle der leicht naiven und tollpatschigen Hausfrau und Mutter. Stets an ihrer Seite war Rock Hudson (1925–85), mit dem sie u. a. für *Bettgeflüster* (1959) vor der Kamera stand. Eine ernstere Rolle spielte sie in dem Thriller *Der Mann, der zu viel wusste* (1956). Hier präsentierte Day nicht zum ersten Mal ihr gesangliches Talent. Noch im hohen Alter brachte sie 2011 mit *My Heart* ein neues Album heraus.

31d) Clemens Wilmenrod

Carl Clemens Hahn, so der richtige Name von Clemens Wilmenrod (1906–67), war eigentlich kein ausgebildeter Koch, sondern Schauspieler. In der Sendung *Bitte, in zehn Minuten zu Tisch* (1953–64) erfand er Gerichte wie Toast Hawaii und das Päpstliche Huhn. Seine Rezepte hatten zwar stets klangvolle Namen, doch Wilmenrod hantierte eher mit schlichten Zutaten, teilweise sogar aus der Konserve. In Millionen Haushalten wurden seine Ideen nachgekocht, seine begleitenden Kochbücher gingen mehrfach über den Ladentisch.

32c) Befürwortung von Sterbehilfe

Bereits vor seiner Uraufführung sorgte der Spielfilm *Die Sünderin* (1951) für einen Skandal. Die Freiwillige Selbstkontrolle der Filmwirtschaft (FSK) verweigerte dem Streifen die Zulassung. Die Prüfer lehnten es strikt ab, dass in dem Film die Prostitution einer Frau ohne mahnenden Zeigefinger „angepriesen" wurde. Außerdem war ihnen die Befürwortung von Sterbehilfe sowie Selbstmord ein Dorn im Auge. Zu allem Überfluss war Hildegard Knef für einige Sekunden nackt zu sehen. Verschiedene Kirchen und Institutionen riefen zum Boykott des Films auf.

33) CinemaScope

Beim CinemaScope oder auch anamorphotischen Verfahren wird ein Bild mit dem Seitenverhältnis 2,35:1 produziert. Die Technik ermöglicht es, dass das abgespielte Bild doppelt so breit wirkt, als es eigentlich aufgenommen wurde. Beim Monumentalfilm *Das Gewand* (1953) wurde das Verfahren zum ersten Mal angewendet.

Hildegard Knef bei der Premiere von *Die Sünderin*

34) Charlton Heston

Der US-Amerikaner Charlton Heston (1923–2008) verkörperte in dem Monumentalfilm *Die zehn Gebote* (1956) die biblische Gestalt Moses. Der Film wurde mit einem Rekordbudget von rund 13 Mio. US-Dollar innerhalb von zwei Jahren gedreht. Yul Brunner (1920–85) mimte seinen Gegenspieler Ramses.

35b) *König Drosselbart*

Das Märchen *Der gestiefelte Kater* markierte 1948 den Beginn des Marionettentheaters Augsburger Puppenkiste, das von Walter Oehmichen (1901–77) und seiner Familie erfunden wurde. Zunächst schnitzte er die Marionetten selbst, übergab diese wichtige Aufgabe aber bald seiner Tochter. 1953 gelangte die Augsburger Puppenkiste auch ins Fernsehen. Es entstanden Mehrteiler wie *Jim Knopf und Lukas der Lokomotivführer* (1961), *Gut gebrüllt, Löwe* (1967) und *Urmel aus dem Eis* (1969).

36a) John Wayne

Sein Metier waren vor allen Dingen Western-, Kriegs- und Abenteuerfilme. Der leicht bullig wirkende John Wayne (1907–79) mimte stets den starken Mann, der sich gegen eine Horde Feinde durchsetzen musste.

Als sein anspruchsvollster Film gilt der Genreklassiker *Der Schwarze Falke* (1956). Einen Oscar erhielt Wayne jedoch für seine raubeinige und gleichzeitig selbstironische Darstellung in *Der Marshal* (1969).

John Wayne in *Der schwarze Falke*

37b) ARD

Die Sendeanstalt ARD ist ein Zusammenschluss von insgesamt neun Landesrundfunkanstalten (u. a. Hessischer Rundfunk und Saarländischer Rundfunk). Die Auslandsrundfunkanstalt Deutsche Welle ist ebenfalls Teil des Verbundes. An der Gründung der ARD waren am 9. Juni 1950 hingegen nur sechs, teilweise heute nicht mehr bestehende Landesrundfunkanstalten beteiligt.

38) Gongschlag

Die zu Beginn nur aus Bildmaterial bestehende Nachrichtensendung *Tagesschau* in der ARD ging am 26. Dezember 1952 auf den Sender und lief an drei Tagen in der Woche. Ab 1955 wurde der Sendebetrieb auf sechs Tage ausgeweitet; lediglich am Sonntag lief keine Sendung. Erst seit 1960 wird die *Tagesschau* in dem Format ausgestrahlt, wie es heute alltäglich um 20.00 Uhr zu sehen ist: Wort- und Bildbeiträge im Wechsel.

39) *Aktuelle Kamera*

Knapp eine Woche vor Ausstrahlung der *Tagesschau* in der ARD war beim Deutschen Fernsehfunk bereits die Nachrichtensendung *Aktuelle Kamera* an den Start gegangen. Im Zentrum der Nachrichten standen die Aktivitäten des Zentralkomitees. Die Sendezeit belief sich auf 30 Minuten. Die *Aktuelle Kamera* wurde zwischen 19.30 Uhr und 20.00 Uhr ausgestrahlt.

40c) *Was bin ich?*

„Welches Schweinderl hätten's denn gern?" Keine Folge der Quizsendung *Was bin ich?* (1955–58, 1961–89) kam ohne die obligatorische Frage von Robert Lembke (1913–89) aus. Doch bevor sich der Kandidat für ein Sparschwein entscheiden durfte, musste er an einer Tafel ein Stichwort zu seinem Beruf angeben. Außerdem musste er dem Rateteam, das ihm mit Ja-oder-Nein-Fragen auf die Schliche kommen wollte, vorher verraten, ob er selbstständig oder als Angestellter arbeitete. Eine für die Arbeit typische Handbewegung durfte ebenfalls nicht fehlen.

41a) Butler

Eddi Arent (* 1925) war stets auf die komischen Filmrollen abonniert. Mit seinem Schauspielkollegen Harald Juhnke (1929–2005) agierte er in dem Sketchformat *Harald und Eddi* (1987–89). In der Edgar-Wallace-Filmreihe war er häufig als humorvoller Butler oder übereifriger Detektivsgehilfe zu sehen. Nur selten durfte Arent in den Kriminalstreifen die Seiten wechseln und selbst zum Mörder werden. Unvergessen ist auch seine Figur Lord Castlepool in den Winnetou-Verfilmungen.

42c) Adam

Gemeinsam mit seinen Söhnen Adam (Pernell Roberts), Hoss (Dan Blocker) und Little Joe (Michael London) bewirtschaftete Ben Cartwright (Lorne Greene) in der Serie *Bonanza* (1959–73) die Ponderosa-Ranch. Immer wieder mussten sie ihr Land verteidigen oder Freunden, die in Not geraten waren, zur Hilfe eilen. Insgesamt wurden 14 Staffeln gedreht, die letzten acht jedoch ohne Pernell Roberts, der die Serie vorzeitig verlassen hatte. Auch Dan Blocker ist nicht in allen Folgen zu sehen, da er noch vor Ende der Serie verstarb.

43b) Babba

Der Kabarettist und Schauspieler Wolf Schmidt (1913–77) entwickelte die Hörspielserie *Die Hesselbachs*, die 1949 erstmalig im Hessischen Rundfunk ausgestrahlt wurde. Er sprach dort das Oberhaupt der Familie, Karl „Babba" Hesselbach. Insgesamt wurden drei Staffeln aufgenommen. 1954–56 folgten vier Spielfilme sowie anschließend die zwischen 1960 und 1967 gesendete Serie *Die Firma Hesselbach*.

44d) Carl Zuckmayer

1931 verfasste Carl Zuckmayer (1896–1977) das Stück *Der Hauptmann von Köpenick*, das er mit dem Untertitel *Ein deutsches Märchen in drei Akten* versah. Bevor Heinz Rühmann (1902–94) die Rolle des angeblichen Hauptmanns 1956 in dem gleichnamigen Spielfilm übernahm, waren u. a. bereits zwei Stummfilmvarianten erschienen. Die Geschichte rund um den Schuhmacher Friedrich Wilhelm Voigt (1849–1922), der in der Stadt Cöpenick für Aufsehen gesorgt hatte, wird mit dem Begriff Köpenickiade beschrieben.

45) Autorennen

Seine Leidenschaft fürs Autofahren wurde ihm zum Verhängnis: James Dean starb am 30. September 1955, als er mit seinem 356 Speedster unterwegs war. Ein entgegenkommender Fahrer nahm ihm die Vorfahrt. Seine drei Filme (*Jenseits von Eden*, *... denn sie wissen nicht, was sie tun* sowie *Giganten*) und sein rebellisches Auftreten ließen Dean zu einem Idol seiner Zeit werden.

46) Gracia Patricia

Die Oscarpreisträgerin (*Ein Mädchen vom Lande*, 1954) und Darstellerin in Filmen wie *Zwölf Uhr mittags* (1952) sowie *Die oberen Zehntausend* (1956) verliebte sich 1955 in den Fürsten von Monaco. Die blonde Aktrice, die von den Zuschauern für ihre Eleganz geliebt wurde, verlieh dem Fürstentum neuen Glanz.

47c) Method Acting

Viele kennen Marlon Brando (1924–2004) nur als Don Vito Corleone in *Der Pate* (1972). Dabei hatte der US-Amerikaner bereits zuvor zahlreiche Filme gedreht. Seinen Durchbruch erlangte er mit *Endstation Sehnsucht* (1951). Brando galt in jungen Jahren oft als rebellischer Außenseiter, der sich von der Gesellschaft nichts sagen ließ.

48b) Gage in Höhe von einer Million US-Dollar

Die in Großbritannien geborene Elizabeth Taylor (1932–2011) vereinbarte Schönheit mit Talent. Sie bekam den Oscar sowohl für *Telefon Butterfield 8* (1961) als auch für *Wer hat Angst vor Virginia Woolf?* (1967). Die Mimin erhielt die Rekordgage von einer Mio. US-Dollar für ihren Auftritt in *Cleopatra* (1963). Der Film bedeutete auch den Beginn ihrer Romanze mit Richard Burton (1925–84), mit dem sie gleich zweimal verheiratet war.

49) UNICEF

In den 50ern wollten viele Mädchen und Frauen so sein wie Audrey Hepburn (1929–93). Neben ihren Filmen (*Ein Herz und eine Krone*, *My Fair Lady*) verzauberte sie mit ihren charmanten und grazilen Auftritten. Alles, was die Stilikone anzog, wurde zu einem Modehit. In späteren Jahren engagierte sie sich als UNICEF-Botschafterin vor allem für Kinder in Afrika und Asien.

50) Spencer Tracy

Mit vier Oscarauszeichnungen als Hauptdarstellerin ist Katharine Hepburn (1907–2003) eine der erfolgreichsten Schauspielerinnen der Welt. Sie spielte u. a. eine Missionarin in *African Queen* (1951), eine besorgte Mutter in *Rat mal, wer zum Essen kommt* (1967) sowie eine Strafverteidigerin in *Ehekrieg (1949)*. Die Beziehung zu ihrem Kollegen Spencer Tracy (1900–67) hielt sie jahrelang geheim.

51c) 11

William Wyler (1902–81) zeigte sich beim Mammutfilm *Ben Hur* (1959) als Regisseur verantwortlich. Ihm wurde einer der elf Oscarstatuen verliehen, die der Streifen 1960 für sich verbuchen konnte. Inflationen mitberücksichtigt, gilt Ben Hur, der 26 Jahre nach der Geburt Jesus Christus' spielt, als einer der teuersten Filme aller Zeiten. Charlton Heston (1923–2008) setzte sich mit dem Part des Judah Ben Hur ein filmisches Denkmal.

52b) Bernhard Wicki

Die Ereignisse in dem Antikriegsfilm *Die Brücke* (1959) gehen zurück auf die Erlebnisse des Journalisten Gregor Dorfmeister (* 1929), der seine Erinnerungen in dem gleichnamigen Roman niedergeschrieben hat. Das Ende des Zweiten Weltkrieges steht kurz bevor, dennoch werden sieben Jugendliche, die vom Krieg zunächst völlig begeistert sind, einberufen. Sie werden damit beauftragt, eine Brücke vor den heranrückenden US-Amerikanern zu verteidigen. Ihnen wird nach und nach klar, wie grausam der Krieg wirklich ist. Am Ende überlebt nur einer von ihnen das Geschehen.

53d) Wien

Trotz zahlreicher darstellerisch weitaus anspruchsvollerer Rollen wird Romy Schneider (1938–82) auf ewig mit der *Sissi*-Trilogie (1955–57) verbunden sein. Die idyllischen Filme sind heute noch genauso beliebt wie damals und werden regelmäßig im Fernsehen wiederholt. Romy Schneider selbst waren sie später ein Dorn im Auge, da sie nicht auf das Image der braven Kaiserin festgelegt werden wollte. In dem Wiener Sisi-Museum wird das Hauptaugenmerk auf die Geschichte der österreichischen Kaiserin Elisabeth (1837–98) gelegt, deren Leben die Vorlage für die Filme lieferte.

54d) Mann von Welt

Immer stilvoll gekleidet, mit einem charmanten Lächeln auf den Lippen und mit unnachahmlicher Eleganz bewegte sich Cary Grant (1904–86) durch seine Filme. Seine Anfänge liegen im Bereich der Screwballkomödie: In *Leoparden küsst man nicht* (1938) hangelte er sich als leicht tollpatschiger Paläontologe durch so manch kuriose Situation, eine Begegnung mit einem Leoparden eingeschlossen. Oft arbeitete Grant mit Alfred Hitchcock zusammen, so z. B. in *Verdacht* (1941) und *Über den Dächern von Nizza* (1955).

55b) Pittiplatsch und Schnatterinchen

Die Ente Schnatterinchen ist ein bisschen älter als der Kobold Pittiplatsch; die Figur unterhielt Kinder in der DDR als Teil der Sendung *Meister Nadelöhr erzählt* bereits ab 1959. Pittiplatsch gesellte sich drei Jahre später dazu. Ergänzt wurden sie in den 70ern durch den Hund Moppi. Zuvor war Schnatterinchen mit dem Bären Bummi zu sehen gewesen. Einen weiteren großen Auftritt hatten die Figuren im Rahmen der Ost-Kinderserie *Unser Sandmännchen*.

56c) Made

„Hinter eines Baumes Rinde / wohnt die Made mit dem Kinde." So beginnt Heinz Erhardts nicht ganz ernst gemeintes Gedicht *Die Made*. Der Komiker hatte stets den Schalk im Nacken und immer einen Scherz parat. Seine Paraderolle war die des leicht schusseligen Familienvaters, der ein bisschen zu viel redete. Heinz Erhardt (1909–79) brillierte u. a. in *Witwer mit fünf Töchtern* (1957) und *Der Haustyrann* (1959). Für seine Leistungen erhielt er 1979 das Große Verdienstkreuz der Bundesrepublik Deutschland.

57a) Ritterschlag

Sidney Poitier (* 1927) hatte es in den 50ern als dunkelhäutiger Schauspieler schwer in Hollywood. Doch dank seines eisernen Willens und seines Schauspieltalents setzte er sich in der Traumfabrik durch. Der Oscarpreisträger und Darsteller aus *Flucht in Ketten* (1958), *In der Hitze der Nacht* (1967) sowie *Little Nikita* (1988) ist einer der letzten großen Weltstars. Da Poitier neben der US-amerikanischen Staatsbürgerschaft auch die der Bahamas (Teil des Commonwealth) besitzt, schlug ihn Königin Elizabeth II. 1974 zum Ritter.

58b) Suspense

Der Name Alfred Hitchcock (1899–1980) ist mit Spannung und Nervenkitzel gleichzusetzen. In *Das Fenster zum Hof* (1954) ließ der Meisterregisseur James Stewart (1908–97) einen Mord beobachten, in *Die Vögel* (1962) eine Horde wild gewordener Tiere auf Tippi Hedren (* 1930) losfliegen. Unvergessen ist seine Duschszene aus *Psycho* (1960), in der Marion Crane (Janet Leigh) von Norman Bates (Anthony Perkins) erstochen wird. Zu einem Markenzeichen Hitchcocks wurden seine Cameo-Auftritte. In jedem seiner Filme ist er für kurze Zeit zu sehen – wenn auch manchmal nur auf einem Foto.

MODE

59a) Cocktailkleid

Wie der Name es schon andeutet, wurden Cocktailkleider in den 50ern häufig zu Cocktailabenden angezogen. Das Kleidungsstück besticht durch seine schlichte Eleganz. Trotz seiner einfachen Aufmachung ist es schick genug, um bei kleineren Anlässen getragen zu werden. In den meisten Fällen ist das wadenlange Cocktailkleid recht eng anliegend, teilweise schulterfrei und betont die Figur der Frau. Die französische Modedesignerin Coco Chanel (1883–1971) kreierte in den 20ern das feminine Kleidungsstück.

60b) Caprihose

Daran gewöhnt, das weibliche Geschlecht in Röcken und Kleidern zu sehen, kam die Caprihose in den 50ern einer Revolution gleich. Nur wenige mutige Frauen widersetzten sich der ablehnenden Haltung und präsentierten sich ungeniert in der eng sitzenden Hose. Diese endete häufig knapp unterhalb des Knies oder auf Wadenhöhe. Am Ende der Hose befand sich oft ein kleiner Schlitz. Die Caprihose ist eine deutsche Erfindung: Die Modeschöpferin Sonja de Lennart brachte zwischen 1945–48 eine Kollektion heraus, zu der verschiedene Capri-Elemente gehörten. Neben der Caprihose waren dies u. a ein Caprigürtel und ein Caprirock.

61c) Haute Couture

Übersetzt bedeutet Haute Couture in etwa gehobene Schneiderei. Von anderen Kleidungsstücken unterscheiden sich Haute-Couture-Stücke in ihrem Material und der Verarbeitung. Es werden nur hochwertige Stoffe verwendet, die per Handarbeit verarbeitet werden. In Frankreich darf nicht jeder Modedesigner seine Kreationen als Haute-Couture-Ware bezeichnen, da dort der Begriff rechtlich geschützt ist. Um in den Verband Chambre Syndicale de la Haute Couture aufgenommen zu werden, müssen die Modeschöpfer bestimmte Kriterien erfüllen.

62a) kleines Schwarzes

Das kleine Schwarze, häufig aus Chiffon oder Viskose gefertigt, ist eine Variante des Cocktailkleids. Es wird oft behauptet, dass jede Frau eins in ihrem Kleiderschrank hängen hat, da das Kleid zu jedem Anlass getragen werden kann. Dank seiner schlichten Farbe und der Länge bis zum Knie kann es sowohl anlässlich eines Trauerfalls als auch zu einer fröhlichen Angelegenheit angezogen werden.

63a) Sackkleid

Die einen lieben sie, die anderen hassen sie: Sackkleider. Liegen die Kleider an der Oberweite meistens noch eng an, verlieren sie danach an Form und hängen weit und konturlos herunter. Viele vergleichen den Schnitt mit einem Kartoffelsack. Zahlreiche Frauen sehen in ihnen aber die Chance, ihr Hüftgold zu verstecken. Andere wiederum fühlen sich in Sackkleidern nicht so eingeengt wie in Cocktailkleidern. Sie sind leicht, praktisch und haben einen hohen Tragekomfort.

64b) Lycra

Da sich Lycra (oder auch Elastan) sehr weit dehnen lässt und nicht so schnell reißt, wird es gern bei Sportbekleidung eingesetzt. Balletttänzer kleiden sich vornehmlich in Ganzkörperanzüge aus Elastan, um die Aufmerksamkeit von ihrer Person weg hin zum Tanz zu lenken. Lycra-Kleidungsstücke sind in der Regel ziemlich weich, glatt und glänzend. Auch im Unterwäsche-Bereich findet die Kunstfaser Anwendung. Filmtechniker machen sich den passgenauen Sitz von Elastan-Kleidung zunutze, um den Träger vor gleichfarbigen Hintergrundmotiven optisch unsichtbar werden zu lassen.

65d) Pomade
Das Fett ist inzwischen als Haarmittel nicht mehr gebräuchlich. Stattdessen greifen Männer (und Frauen) auf Haargele und Wachs zurück, da diese nicht so fetten wie Pomade. Bereits im 18. Jahrhundert brachten adlige Männer ihre Haare mit dem aus Vaseline, Bienenwachs, Olivenöl u. Ä. hergestellten Fett in Ordnung. Nebeneffekt der Pomade war glänzendes, manchmal ölig wirkendes Haar. Ende der 50er verlor das Haarmittel an Bedeutung, erlebte mit dem Film *Grease* (1978) in den 70ern aber ein kurzes Revival.

66b) Katze
Aufgrund ihrer leicht angeschrägten Form erinnerten die Brillenfassungen in den 50ern an die Augen einer Katze. Die Gläser an sich waren oft oval geformt, liefen an den oberen Enden aber meist spitz zu. Verstärkt wurde der Cat-Eye-Look durch das Gestell, das die Gläserform aufnahm und verstärkte. Teilweise wurde die angeschrägte Partie noch durch bunte Farben oder Muster betont. Auch Sonnenbrillenmodelle orientierten sich an der Katzenaugenform.

67a) kurzer rundgeföhnter Pony
Pin-up-Bilder wurden gern für Groschenromane, Titelseiten auf Zeitschriften oder für Werbeplakate angefertigt. Dabei handelte es sich oft um Zeichnungen und Illustrationen, auf denen sich Frauen in kurzen Kleidern in verführerischen Posen rekelten. Manche waren nur in Bademode oder weiblicher Seemannskleidung zu sehen. Ein beliebtes Motiv der Zeichner war die Variante, bei der die Frauen auf dem Boden lagen/saßen und ihre langen Beine in die Luft streckten. Während des Zweiten Weltkriegs, teilweise auch während des Korea-Kriegs, zierten Pin-up-Bilder die Flugzeuge der Soldaten.

68d) Gypsy Rose Lee

Die US-Amerikanerin verstand es, die Männer mit ihren Auftritten verrückt zu machen. Dabei zog sich Gypsy Rose Lee (1911–70) nie richtig aus. Sie deutete den Striptease meist nur an und entledigte sich nur mehrerer Kleiderschichten. Vielmehr verzückte die Burlesque-Darstellerin mit ihrem Charme und ihrem einnehmenden Humor. 1959 stand ihr Leben Pate für das Musical *Gypsy*. Mit Aufkommen der Pin-up-Mädchen und freizügigeren Darstellerinnen begann das Genre des Burlesque an Zugkraft zu verlieren.

69c) Twinset

1934 gab der Hersteller Pringle of Scotland das Twinset in Auftrag. Der Designer Otto Weisz kreierte für das Unternehmen, das edle Strickwaren anbietet, die erste Kollektion. Das Set besteht immer aus zwei Teilen: einem dünnen Pullover und einem Jäckchen, das mit dem Oberteil in Farbe und Material in Einklang steht. Waren Twinsets früher häufig unifarben, gibt es sie heute in allen Kombinationen. Der Pullover kann sowohl kurze Ärmelchen als auch gar keine haben. Der Ausschnitt variiert zwischen einem Rundhals und einem V-Ausschnitt.

70a) Ballerinas

Ballerinas haben weder Absatz noch Schnürsenkel oder Riemchen. Frauen können in den flachen Schuh direkt hineinschlüpfen, ohne eine Schleife binden zu müssen. Die ersten Ballerinas kamen Ende des 19. Jahrhunderts auf den Markt – Salvatore Capezio hatte sie erfunden. Erst 1941 wurde der Schuh einem breiten Publikum bekannt. In diesem Jahr ergänzte die Modedesignerin Claire McCardell (1905–58) ihre Kollektion um das Schuhmodell.

Grace Kelly mit Ballerinas

71b) hochgeschlagene Jeans

James Dean strahlte zugleich Lässigkeit und Coolness aus. Für den perfekten Dean-Look benötigt man zunächst eine gerade geschnittene dunkle Jeanshose. Sie sollte eng sitzen und keine Applikationen aufweisen. Sie darf gern ein paar Zentimeter zu lang sein – das Umkrempeln der Hosenenden gehörte in den 50ern einfach dazu. Passend hierzu bietet sich ein weißes oder einfarbiges T-Shirt an. Dies darf ebenfalls nicht zu weit geschnitten sein. Der Kragen der ergänzenden Lederjacke sollte immer hochgeschlagen sein.

72a) Fischbein

Das Korsett hat eine lange Tradition: Ein wichtiges Modeaccessoire wurde es im 17. Jahrhundert am spanischen Hof. Die dort vorherrschende Mode erforderte, dass die Oberweite der Frau flach sein musste. Einen Ausweg brachte das Korsett. Erst einige Jahre später entwickelte sich die entgegengesetzte Form; der Busen wurde betont. Im 19. Jahrhundert entstand die Form, die an eine Sanduhr erinnert: Die Taille ist im Gegensatz zum Brust- und Hüftbereich relativ schmal.

73b) Christian Dior

Mit seiner Frühjahrskollektion setzte Christian Dior (1905–57) einen neuen Modetrend. Er stellte den Oberkörper der Frau in den Fokus. Sein neuer Look löste Stürme der Begeisterung aus. Neben ausgestellten Röcken und einer taillierten Bluse setzte er lange Handschuhe sowie Wagenrad ähnliche Hüte ein. Dior, der 1946 sein eigenes Modeunternehmen gegründet hatte, beeinflusste die Modewelt in den 50ern wie kein Zweiter. Er erfand immer wieder neue Schnitte, mal war es die A-Linie, mal die Y-Linie. Stets hatte er damit großen Erfolg.

74c) Sattel

Heutzutage werden Petticoats überwiegend bei Rock-'n'-Roll-Tanzveranstaltungen oder als Unterbekleidung von Tanzmariechen im Karneval getragen. In den 50ern dagegen trug sie fast jedes Mädchen unter ihrem Rock oder ihrem Kleid. Die Unterröcke, die aus Perlon und Nylon gefertigt werden, gaben den Hauptröcken eine schöne Form. Der obere Teil, der Sattel, sitz eng an der Hüfte, die anderen Stufen fallen dagegen bauschig und wellenartig aus. Für den Petticoat wird häufig Tüll verarbeitet.

75c) Denier

Wallace Hume Carothers (1896–1937), ein Chemiker aus den USA, entwickelte die Polyamidfaser Nylon. Die chemische Bezeichnung lautet Polyhexamethylenadipinsäureamid, in den Handel kam PA66 aber unter dem Namen Nylon. Die Faser ist in der Originalstruktur eine weiß gefärbte Masse. Diese ist stark dehnbar und lässt sich in Fäden ziehen. Zunächst wurden daraus nicht Strümpfe produziert, sondern Zahnbürsten. Die Strumpfhosen, die fortan wegen ihrer seidenähnlichen Struktur bei den Frauen sehr beliebt waren, kamen 1940 auf den Markt.

76a) Babydoll

Seinen Namen erhielt die luftig-leichte Schlafbekleidung durch den Spielfilm *Baby Doll – Begehre nicht des anderen Weib* (1956). In den 50ern bestand das Babydoll noch aus zwei Teilen, einem weiten Hemdchen mit Puffärmel und einer kurzen Pumphose. Heutzutage fehlt oft das Höschen. Es wird aber weiterhin aus Seide oder Chiffon fabriziert. Verspielte Formen weisen zusätzliche Rüschen und Spitzenbesatz auf. Inzwischen werden auch herkömmliche Oberteile oder Kleider, die oben eng ansitzen und dann locker nach unten fallen, als Babydoll-Outfits angepriesen.

77d) Tweed

Das Chanel-Kostüm zählt zu den Kleidungsstücken, die auch nach über 60 Jahren nichts an ihrer Eleganz verloren haben. Der Zweiteiler, in den 50ern meist aus grobem Tweed, sollte zugleich die Weiblichkeit seiner Trägerinnen unterstreichen und ihnen den nötigen Freiraum lassen, um sich ungezwungen bewegen zu können. Coco Chanel orientierte sich bei dem aus Rock und losem Jäckchen bestehenden Kostüm an den Herrenanzügen der 50er.

78b) Nickituch

Die Maße eines Nickituchs betragen in der Regel 50 x 50 cm. Die sich gegenüberliegenden Ecken werden zusammengeschlagen und das Tuch an den anderen beiden Ecken hinter dem Hals zusammengeknotet. In den 50ern war es üblich, das Nickituch länglich zu formen und das Ende mit dem Knoten vorn oder seitlich zu tragen. Meist besteht das Accessoire aus Baumwolle oder Seide. Um sich vor Staub, Dreck und Hitze zu schützen, trugen im 19. Jahrhundert vor allem Industriearbeiter die Halstücher. Zuvor waren sie überwiegend in Großbritannien und den Niederlanden bei Handwerkern und Landarbeitern verbreitet.

79a) Schuhe

Leicht erhöht liefen Männer in den 50ern, wenn sie Creepers-Schuhe anhatten. Die Kreppsohle war bis zu 5 cm hoch. Charakteristisch für die weiche Sohle sind außerdem ihre längs verlaufenden Rillen. Je nach Modell waren die Schuhe mit Schnürsenkel oder einer Schnalle versehen. Ihr Aussehen variierte, angefangen bei der Farbe Schwarz über schwarz-weiße Muster hin zu bunten Varianten. In der Regel waren Creepers aus Rauleder gefertigt. In den 50ern wurden sie besonders gern von den Teddy Boys getragen, einer jugendlichen Protestbewegung in Großbritannien.

80c) schwarz-weiß

Die spanische Tänzerin Pepita de Oliva (1830–1871) stand Namenspate für das Pepita-Muster. Die schwarz-weißen Karos sind diagonal miteinander verbunden. Das Muster ähnelt damit dem Hahnentritt, bei dem die Karos rechtwinklig zueinander liegen. Für das Pepita-Muster wird eine Rapportgröße unter 1 cm verwendet. Auf Kissen, Tassen, Uhren, Röcken sowie Portemonnaies ist das Muster häufig zu sehen.

81d) L'Interdit

Rose, Jasmin, Iris, Nelken, Weihrauch, Erdbeere, Sandelholz und Pfirsich sind die Hauptbestandteile des Dufts L'Interdit. Der französische Modeschöpfer Hubert de Givenchy (* 1927) stellte es 1953 extra für seine Muse Audrey Hepburn zusammen. Diese wollte die Kreation zunächst nur für sich behalten. Das Parfüm sollte eigentlich erst vier Jahre später in den Verkauf gehen. Klar und sachlich, doch mit einem Schuss Farbe – die Kreationen von de Givenchy waren sowohl elegant als auch auffallend. Abgerundet wurden die Kleider und Kostüme durch überdimensionale Hüte.

82a) Miederhosen

Was Frauen unten drunter tragen, verraten sie nicht so gern. Erst recht nicht, wenn es sich dabei um eine Miederhose handelt. Das Kleidungsstück zaubert zwar überflüssige Pfunde weg, ist aber in den meisten Fällen nicht sehr schön anzusehen. Aufgrund seiner Elastizität und Festigkeit formt es besonders die Hüft-, Bauch- und Gesäßgegend. Um diesen Effekt zu erreichen, werden manchmal mehrere Lagen Nylon oder Elastan verarbeitet. Oftmals reicht die Miederhose bis zur Taille und hat teilweise ein verlängertes Bein. Sie wird oft in Verbindung mit einer Strumpfhose getragen.

83a) knielange Anzugjackets

Teddy Boys, verkürzt Teds, kleideten sich elegant und gaben sich vornehm. So genannte drainpipe trousers (eng sitzende Hosen), Creepers, eine Schmalztolle à la Elvis Presley, Schlüsselketten und Anzugwesten im bunten Design zeichneten einen Anhänger der Protestbewegung aus. Abgerundet wurde das Outfit durch drapes – Anzugjackets, die meist bis zu den Knien reichten. Der Jackenstil hat seinen Ursprung in der Zeit, als Edward VII. (1841–1910) auf dem britischen Thron saß und die drapes beliebte Kleidungsstücke waren.

Junge „Teds" beim Rauchen

GESCHICHTE UND POLITIK

84c) China

Im Koreakrieg standen sich auf der einen Seite Südkoreaner, unterstützt durch überwiegend amerikanische UN-Truppen, und auf der anderen Seite Nordkoreaner, die gemeinsam mit der Sowjetunion und China agierten, gegenüber. In den jahrelangen Kämpfen – mit dem Abkommen von Panmunjom endeten 1953 die Auseinandersetzungen – schafften es die Südkoreaner letztendlich, ihre Feinde, die 1950 in ihr Gebiet eingefallen waren, wieder hinter die Demarkationslinie zu drängen.

85a) August Heinrich Hoffmann von Fallersleben

Das *Lied der Deutschen*, dessen dritte Strophe seit 1952 offiziell die deutsche Nationalhymne ist, entstand 1841 auf der Insel Helgoland. Dorthin hatte sich der deutsche Dichter August Heinrich Hoffmann von Fallersleben (1798–1874) zum Urlauben zurückgezogen. Der Hochschullehrer im Bereich Germanistik wünschte sich ein geeinigtes Deutschland, das durch die Rheinkrise zwischen Frankreich und dem Deutschen Bund erschüttert worden war. Seine Sehnsucht versuchte er in dem Lied zum Ausdruck zu bringen.

86a) Frankreich

Die Insel Helgoland hat eine wechselvolle Geschichte hinter sich. Im Jahre 1402 gehörte sie zunächst zu Schleswig, bevor sie 1714 von den Dänen eingenommen wurde. 100 Jahre später wurde sie von Großbritannien besetzt, das die Insel 1890 im Helgoland-Sansibar-Vertrag als Teil einer Gegenleistung an das Deutsche Reich abtrat. Dieser Zustand dauerte bis zum Zweiten Weltkrieg an. Mit Ende des Krieges wurde Helgoland, das mittlerweile unbewohnbar geworden war, erneut von den Briten besetzt. Inzwischen gehört die Insel zum Kreis Pinneberg in Schleswig-Holstein.

87d) Württemberg-Hohenzollern

1951 hatten die Bürger der drei Länder Württemberg-Baden, Baden und Württemberg-Hohenzollern durch einen umstrittenen Volksentscheid beschlossen, dass die Gebiete zum Bundesland Baden-Württemberg vereint werden sollten. Am 25. April 1952 entstand offiziell das neue Bundesland. Als erster Ministerpräsident des Landes fungierte Reinhold Maier. Bereits ein Jahr danach trat Gebhard Müller den Posten an. Der spätere Bundeskanzler Kurt Georg Kiesinger übernahm die Regierung Baden-Württembergs zwischen 1958 und 1966.

Flagge von Baden-Württemberg

88b) Waldemar Kraft

Der Politiker Waldemar Kraft (1898–1977), der 1956 der CDU beitrat, gründete 1950 in Schleswig-Holstein den Block der Heimatvertriebenen und Entrechteten (BHE). Viele Kriegsvertriebene, aber auch ehemalige NSDAP-Mitglieder, die sich als Opfer des Zweiten Weltkriegs sahen, sprachen der neu gegründeten Partei zu. Bei der folgenden Landtagswahl erreichte die Partei 23,4 %; 1953 wurde sie Teil der Bundesregierung. Mit der erfolgreichen Eingliederung der Vertriebenen verlor die Partei in den Folgejahren zunehmend an Zuspruch.

89a) Georg VI.

Elisabeth II. (* 1926) befand sich gerade auf einer Auslandsreise in Kenia, als sie die Nachricht vom Tode ihres Vaters, König Georg VI. (1895–1952), ereilte. Der Thronfolgerat ernannte die älteste Königstochter am 6. Februar 1952 zur neuen britischen Herrscherin. Die feierliche Krönung wurde am 2. Juni 1953 in der Westminster Abbey vollzogen. Mit ihrem Gatten, Prinz Philip, mit dem sie bereits am 20. November 1947 den Bund der Ehe eingegangen war, bezog sie nach den Feierlichkeiten den Buckingham Palace als neuen Wohnsitz. Elisabeth II. entstammt dem Hause Windsor.

90d) Tag der deutschen Einheit

In der DDR gärte es 1953. Die Bevölkerung war unzufrieden mit der Obrigkeit, welche die Wünsche der Arbeiterklasse ignorierte und die Arbeitsnorm ohne Rücksicht auf die Angestellten erhöht hatte. Ihren Höhepunkt erreichte die Streik- und Demonstrationswelle am 17. Juni, als es in mehreren Städten zu Ausschreitungen kam. Auf beiden Seiten, Demonstranten sowie Polizei, gab es zahlreiche Verletzte. Die sowjetischen Behörden riefen das Kriegsrecht aus und rollten u. a. mit Panzern in Berlin ein, um den Aufstand niederzuwalzen.

Westminster Abbey

91c) Fünf-Prozent-Hürde

Seit 1953 gilt in Deutschland die einfache Regel, dass Parteien, die bei der Bundestagswahl weniger als 5 % der Stimmen erhalten, nicht in den Bundestag einziehen dürfen. Sobald eine Partei in mindestens drei Wahlkreisen die meisten Erststimmen auf sich vereinigen kann, kommt die Ausnahmeregelung zum Tragen. In diesem Fall darf die Partei trotzdem Abgeordnete in den Bundestag entsenden, auch wenn sie im Bereich der Zweitstimmen weniger als 5 % erreicht.

92a) Schuman-Plan

Robert Schuman (1886–1963), ehemaliger Außenminister von Frankreich, stellte 1950 seinen Plan vor, die Produktion von Kohle und Stahl in seinem Heimatland mit der in Deutschland zu vereinigen. Den Plan hatte er zuvor u. a. mit dem französischen Unternehmer Jean Monnet (1888–1979) ausgearbeitet. Aus dieser Idee heraus entstand 1952 die Europäische Gemeinschaft für Kohle und Stahl (EGKS). An der Gründung des Wirtschaftsverbandes beteiligten sich neben Deutschland und Frankreich die Beneluxstaaten sowie Italien.

93d) Operation Ivy

Im Rahmen der Operation Ivy testeten die US-Amerikaner 1952 auf dem Eniwetok-Atoll im Pazifischen Ozean Atomwaffen. Die Tests fanden oberirdisch und in zwei Phasen statt. Als Erstes wurde die Kernwaffe Ivy Mike gezündet, die mit 10,4 Megatonnen TNT-Äquivalent die viertgrößte Bombe der US-Amerikaner war. Die gewaltige Sprengkraft machte die Insel Elugelab dem Erdboden gleich. Die zweite Atomwaffe (Ivy King) wurde nicht wie ihre Kollegin vom Boden aus gezündet, sondern aus einem Flugzeug geworfen.

94b) friedliche Koexistenz

Dass die Frage, ob Kapitalismus oder Sozialismus der bessere Weg sei, auch ohne Blutvergießen zu lösen sei, daran glaubte der KPdSU-Parteichef (1953–64) und spätere Präsident der Sowjetunion (1958–64) Nikita Chruschtschow (1894–1971). Er hatte das Ziel, mit den USA trotz der unterschiedlichen sozialistischen Strukturen Wirtschaftsbeziehungen aufzunehmen. Dabei sollten beide Nationen auf kriegerische Handlungen verzichten, um ihre Ansichten durchzusetzen.

95c) Wiederbewaffnung

Am 23. Oktober 1954 wurde mit der Unterzeichnung der Pariser Verträge beschlossen, dass Deutschland in die NATO aufgenommen werden sollte. Der Beschluss hatte zur Folge, dass das Besatzungsregime aufgehoben wurde. Die Bundesrepublik sowie Frankreich, Großbritannien und die USA hatten gemeinsam das Protokoll unterschrieben. Folglich galt Deutschland als souverän. Durch die Unterschriften von Bundespräsident Theodor Heuss und Bundeskanzler Konrad Adenauer am 12. April 1955 wurde der Beschluss bestätigt.

Bundeskanzler Adenauer und Staatssekretär Hallstein während der Pariser Konferenz

96a) Italien

Um den Bedarf an Arbeitskräften im Wirtschaftswunderland Deutschland zu decken, schloss die Bundesrepublik am 20. Dezember 1955 mit der italienischen Regierung ein Anwerbeabkommen. Es sollte nicht das einzige bleiben: Es folgten Abkommen mit Spanien (1960), Griechenland (1960), der Türkei (1961), Marokko (1963), Portugal (1964), Tunesien (1965) und Jugoslawien (1968). Eigentlich sollten nur 100.000 Italiener ins Land geholten werden, es kamen aber viele mehr. Die meisten von ihnen sind Jahre später in ihre Heimat zurückgekehrt.

97b) 12 Monate

Am 12. November 1955 startete die Wiederbewaffnung der Bundesrepublik in eine neue Phase. An diesem Tag erhielten in Bonn 101 Männer ihre Ernennungsurkunde. Die neu gegründete Bundeswehr trat ihren Dienst an. Der Wiederbewaffnung Deutschlands standen Politiker und Bürger zwiegespalten gegenüber. Besonders die junge Generation sprach sich vehement dagegen aus, während andere eine Möglichkeit darin sahen, sich gegen den aufkommenden Kommunismus zur Wehr setzen zu können. Seit dem 1. Juli 2011 besteht für Männer in Deutschland keine Wehrpflicht mehr.

Gewerkschaftsjugend demonstriert gegen Wiederaufrüstung.

98d) Warschauer Pakt

Offiziell wird der Warschauer Pakt mit dem Begriff „Warschauer Vertragsorganisation" bezeichnet. Albanien, die Sowjetunion, Bulgarien, die DDR, Rumänien, die Tschechoslowakei und Ungarn taten sich 1955 zusammen, um ihr sozialistisches Staatensystem gegenüber den Weststaaten zu stärken. Sollte einer der Mitgliedsstaaten angegriffen werden, versprachen die Bündnispartner dem Mitglied in diesem Fall zur Seite zu stehen.

99a) Zwangsumsiedlungen

Mit der Festlegung einer Sperrzone zwischen der DDR und der Bundesrepublik Deutschland wurde die Teilung Deutschlands vorangetrieben. Damit Einzelpersonen oder gar ganze Familien, die vom Ministerium für Staatssicherheit (MfS) als politisch nicht vertrauenswürdig eingestuft wurden, nicht Gefahr laufen konnten, „rüberzumachen", wurde die „Aktion Ungeziefer" ins Leben gerufen. Auf Befehl des MfS führte die Volkspolizei in den Monaten Mai und Juni des Jahres 1952 eine Zwangsumsiedlung der betreffenden Familien durch.

100b) Generationenvertrag

In den 50ern drohte vielen Menschen die Altersarmut. Um dem entgegenzuwirken, reformierte die deutsche Regierung die bestehende Rentenreform. Fortan galt das Prinzip des Generationenvertrags. Die junge arbeitende Generation finanziert mit ihren Abgaben die Rente der älteren Generation. Dieses Prinzip setzt sich kontinuierlich fort. Für Probleme hinsichtlich des Generationenvertrags sorgt der Umstand, dass in Deutschland immer weniger Kinder geboren und die Menschen immer älter werden.

101d) Frankreich

Die Europäische Wirtschaftsgemeinschaft (EWG) hatte sich das Ziel gesetzt, die gemeinsame Wirtschaftspolitik zu fördern und einen einheitlichen Markt aufzubauen. Als Folge der Neugründung wurden u. a. die Zollschranken sowie die Einschränkung der Ein- und Ausfuhrmengen aufgehoben. Außerdem wurde eine gemeinsame Handelspolitik gegenüber Drittstaaten geschaffen. Die Leitung der EWG-Kommission übernahm als Erster der deutsche Jurist Walter Hallstein (1901–82).

Adenauer und Hallstein in Ordenstracht

102c) Saarland

Heftige Auseinandersetzungen löste die Saarfrage zwischen Deutschen und Franzosen aus. Das Saarstatut, das der französische Premier Pierre Mendès (1907–82) gemeinsam mit Konrad Adenauer 1954 ausgearbeitet hatte, wurde von der Bevölkerungsschicht durch einen Volksentscheid im Jahr 1955 abgelehnt. Bürger und Politiker wollten, dass das Saarland wieder ein Teil Deutschlands werden sollte. Dies geschah gemäß des 1956 beschlossenen deutsch-französischen Saarabkommens offiziell 1957. Die Angliederung wird auch als „kleine Wiedervereinigung" bezeichnet.

103b) ein Drittel

In unzähligen Demonstrationen und Kundgebungen kämpften die Arbeitnehmer in den 50ern für mehr betriebliche Mitbestimmung. Der erste Entwurf des Betriebsverfassungsgesetzes sorgte für Unmut unter der Bevölkerung. In München versammelten sich, angetrieben vom Deutschen Gewerkschaftsbund, über 100.000 Menschen, die gegen die Bestimmungen protestierten. Das Betriebsverfassungsgesetz regelt u. a. die Zusammenarbeit zwischen Unternehmensleitung und Betriebsrat.

104c) Heinz Galinski

Der Zentralrat der Juden setzt sich aus verschiedenen Landesverbänden und jüdischen Gemeinden zusammen. Heinz Galinski (1912–92) leitete die 1950 neu gegründete Körperschaft des öffentlichen Rechts 1954–63 und noch einmal 1988–92. 1950 in Frankfurt am Main ins Leben gerufen, hat der Rat seit 1999 seinen Hauptsitz im Berliner Leo-Baeck-Haus. Er hat es sich zur Aufgabe gemacht, den Antisemitismus in Deutschland zu bekämpfen und das Miteinander von Juden und Nichtjuden zu verstärken.

105a) Karlsruhe

Im Bereich der ordentlichen Gerichtsbarkeit, also bei Strafsachen und bürgerlichen Rechtsstreitigkeiten wie Zivilverfahren, hat der Bundesgerichtshof in Karlsruhe das letzte Wort. Er gilt in diesen Fällen als letzte Instanz. Sein Aufgabengebiet erstreckt sich zudem u. a. auf das Gebiet Berufsrecht. Der 1950 gegründete Bundesgerichtshof wird zu den fünf obersten Gerichtshöfen des Bundes gezählt.

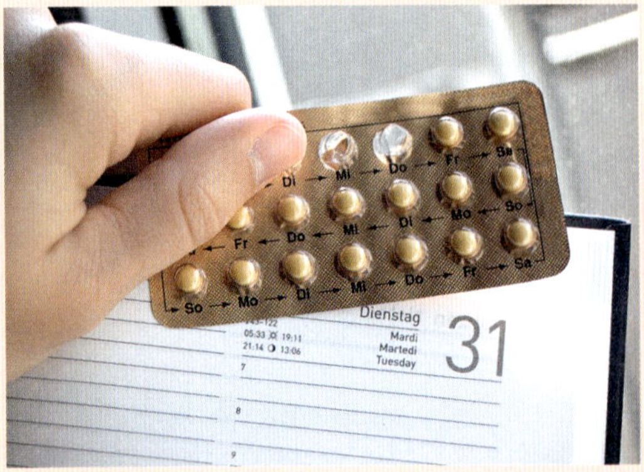

106d) Antibabypille

Der US-Chemiker Carl Djerassi (* 1923) gilt als Vater der Antibabypille. Ihm gelang es in Zusammenarbeit mit dem Pharmakologen Gregory Pincus (1903–67) als Erster, 1951 Norethisteron, das den Sexualhormonen im weiblichen Körper entspricht, synthetisch herzustellen. Viele Antibabypillen enthalten diesen chemischen Stoff. 1957 erschien mit Inovit die erste Variante der Antibabypille, das noch als Medikament zur Behandlung von Menstruationsbeschwerden gehandelt wurde. In Deutschland wurde 1961 mit Anovlar das erste hormonelle Verhütungsmittel verkauft.

107c) Viermastbark

Der Viermastbarker Pamir hatte vor seinem Untergang einen glänzenden Ruf; er war Teil der angesehenen Flying P-Liner der in Hamburg ansässigen Reederei F. Laeisz. Zudem konnte er den Wettbewerb Weizenregatta, bei dem Großsegler von Europa nach Australien unterwegs waren, 1932 für sich entscheiden. Außerdem war es der letzte Windjammer, der als Handelsschiff ohne Motor das Kap Hoorn umrundete. Die in den 50ern als frachtfahrendes Schulschiff eingesetzte Pamir kenterte 1957, als sie in einen Hurrikan geriet.

108b) Johannes XXIII.
Bevor Angelo Giuseppe Roncalli (1881–1963) als Johannes XXIII. 1958 das Amt des Papstes übernahm, war er u. a. Apostolischer Visitator für Bulgarien (ab 1925) sowie Apostolischer Delegat und Vikar für die Türkei und Griechenland in Istanbul (1934) gewesen. Papst Johannes Paul II. sprach den Italiener, der zum Volk stets eine enge Bindung gehabt hatte, im Jahr 2000 selig.

109a) SOS-Kinderdorf
1949 entwickelte der aus Österreich stammende Sozialpädagoge Hermann Gmeiner (1919–86) die Idee, Kindern, die im Krieg ihre Eltern und ihre Heimat verloren hatten, ein neues Zuhause zu geben. Die SOS-Kinderdörfer waren geboren. Im Alter von fünf Jahren war Gmeiner selbst zur Halbwaise geworden. 1951 entstanden im Tiroler Imst mithilfe zahlreicher Spenden die ersten fünf Einrichtungen. 45 Kinder fanden dank des Sozialwerkes Asyl und eine Ersatzfamilie. Inzwischen gibt es in mehr als 130 Ländern SOS-Kinderdörfer.

110d) Persien
Glanz und Glamour symbolisierte die Hochzeit zwischen der aus einer vornehmen persischen Familie stammenden Soraya Esfandiary-Bakhtiary (1932–2001) und dem persischen Schah Mohammad Reza Pahlavi (1919–80). Im fernen Deutschland wurde das Königreich als besonders prunkvoll wahrgenommen. Die Prinzessin mit deutschen Wurzeln erhielt sogar anlässlich eines Deutschlandbesuches die Sonderstufe des Großkreuzes des Verdienstordens der Bundesrepublik Deutschland. 1958 wurde die Ehe geschieden, da Soraya keinem Thronerben das Leben geschenkt hatte. Die Ehe und Trennung des Paares bestimmten jahrelang die Klatschpresse.

111c) Sputnik

In den 50ern und 60ern lagen die USA im ständigen Wettstreit mit der Sowjetunion. Diese hatte 1957 mit Sputnik 1 den ersten künstlichen Satelliten ins All befördert. Zu diesem Zeitpunkt hatte niemand mit dem technologischen Know-how der Sowjets gerechnet. 1958 zogen die USA mit der Gründung der Luft- und Raumfahrtbehörde NASA nach. Die Sowjetunion war der USA meist einen Schritt voraus: Juri Gagarin umrundete als erster Mensch im Weltraum die Erde. Am 20. Juli 1969 schickte die NASA dagegen mit Neil Armstrong, Buzz Aldrin und Michael Collins die ersten Menschen auf den Weg zum Mond.

KUNST UND KULTUR

112a) Köln

Auf der Messe photokina tauschen sich alle zwei Jahre Experten und Fachbesucher über die neusten Entwicklungen und Trends im Bereich Fotografie aus. Bruno Uhl, damaliger Präsident des Fotoverbandes, hatte 1950 die Idee zur Ausstellung. Regelmäßig wird in diesem Rahmen auch der Deutsche Kamerapreis verliehen. Preisträger ist u. a. Robby Müller, der 1984 die Auszeichnung im Bereich „Kamera Spielfilm" für seine Arbeit zu *Paris, Texas* erhielt.

113c) Pop-Art

Andy Warhol (1928–87) war 1952 ein glühender Fan des aufstrebenden Truman Capote (1924–84). Der Schriftsteller hatte ihn mit seinem 1948 veröffentlichten Debütroman *Andere Stimmen, andere Räume* in seinen Bann gezogen. Im selben Jahr folgte die Ausstellung „Fifteen Drawings Based on the Writings of Truman Capote", die sich an den Texten von Capote orientierten. Nach anfänglichen Schwierigkeiten – Capote war von den Werken Warhols zunächst wenig angetan – entstand zwischen den beiden Künstlern eine enge Freundschaft.

114d) Sendungen in verschiedenen Sprachen

Der Auslandsrundfunk Deutsche Welle ist international breit aufgestellt. Die Internetseite kann u. a. in den Sprachen Persisch, Türkisch, Russisch, Polnisch, Chinesisch, Hindi, Griechisch, Französisch, Kroatisch, Indonesisch und Rumänisch aufgerufen werden. Insgesamt sind es 30 Sprachen. Lag früher der Schwerpunkt darin, die deutsche Sprache im Ausland mittels Hörfunk zu verbreiten, stehen heute Angebote wie Deutschkurse per Fernsehen und Internet zur Verfügung.

115b) Grenze bei Helmstedt wird gesichert

Die Ursprünge der *BILD*-Zeitung reichen bis ins Jahr 1946 zurück. Denn zu diesem Zeitpunkt weitete der Verleger Axel Springer (1912–85) seinen gleichnamigen Zeitungs- und Zeitschriftenverlag in den Städten Hamburg und Berlin aus. 1952 brachte der Verlag die Tageszeitung *BILD* heraus, die werktäglich verkauft wird. Sonntags erscheint seit 1956 die Sonderausgabe *Bild am Sonntag*. Zu Erscheinungsbeginn kostete das Blatt, das kontrovers diskutiert wird, 10 Pfennig.

116) J. D. Salinger
In dem Roman *Der Fänger im Roggen* läuft der Ich-Erzähler, der aufgrund von schlechten Noten der Schule verwiesen wurde, drei Tage lang planlos durch Manhattan. Holden sträubt sich vor allem gegen die Verlogenheit und Affektiertheit zahlreicher Erwachsener.

117) Marlin
1954 erhielt Ernest Hemingway (1899–1961) den Nobelpreis für Literatur. Maßgeblichen Anteil an dieser ehrenvollen Auszeichnung hatte seine erfolgreiche Novelle *Der alte Mann und das Meer* (1952), für die er 1953 bereits mit dem Pulitzer-Preis ausgezeichnet worden war.

118b) *Baal*
Der Schweizer Max Frisch (1911–91) schrieb Erzählungen (*Antwort aus der Stille*, 1937), Dramen (*Biedermann und die Brandstifter*, 1958) sowie Romane (*Mein Name sei Gantenbein,* 1964). Beliebtes Stilmittel des Schriftstellers waren Tagebucheinträge. Häufig stellte er in seinen Geschichten die Vermischung von Realität und Fiktion in den Vordergrund. Die Hauptfiguren stellten sich oft die Frage nach ihrer wahren Identität. Sein Bericht *Homo Faber* (1957) wurde 1991 von Volker Schlöndorff (* 1939) verfilmt.

Der Schweizer Schriftsteller Max Frisch

119d) Nazgûl
John Ronald Reuel Tolkien (1892–1973) arbeitete rund 17 Jahre an dem Romanzyklus *Der Herr der Ringe*. Nachdem der Vorgänger, *Der kleine Hobbit,* bereits 1937 erschienen war, dauerte es aufgrund der Wirren des Zweiten Weltkriegs und weil Tolkien mit seiner Arbeit nicht zufrieden war, bis 1954, bis der erste Teil der Trilogie auf den Markt kam. Die deutschen Leser kamen erst 1969/70 in den Genuss des Fantasiestücks; in diesem Zeitraum entstand die deutsche Übersetzung.

120c) Danziger Trilogie
Zur Danziger Trilogie werden die Werke *Die Blechtrommel* (1959), *Katz und Maus* (1961) sowie *Hundejahre* (1963) gezählt. In allen drei Büchern stellt der in Danzig geborene Günter Grass (* 1927) seine Heimat in den Mittelpunkt. Die 2002 veröffentlichte Novelle *Im Krebsgang* nimmt einige Figuren aus den Romanen und Novellen wieder auf und transportiert sie aus der Zeit des Zweiten Weltkriegs in die Moderne. Der Stifter des Alfred-Döblin-Preises (seit 1978) sorgte zuletzt mit seinem Prosagedicht *Was gesagt werden muss* (2012) für Aufsehen.

Günter Grass

121d) Ilse Aichinger
Das Ehepaar Günter Eich (1907–72) und Ilse Aichinger (* 1921) war in der Nachkriegszeit äußerst kreativ. Während sich Eich als Dichter (*Inventur*, 1947) und Hörspielautor (*Träume*, 1951) einen Namen machte, überzeugte Aichinger vor allem als Autorin von Erzählungen. Die Halbjüdin verlor einen Großteil ihrer Angehörigen, als diese während des Zweiten Weltkrieges in Konzentrationslager deportiert wurden. Ihre Werke kreisen oft um die Themen Schmerz, Verlust und Tod. Mit dem Roman *Die größere Hoffnung* machte sie 1948 zum ersten Mal auf sich aufmerksam.

122b) Gruppe 47

Die Gruppe 47 hatte keine festen Mitglieder, sondern war eine lose Vereinigung von Schriftstellern. Die Literaten einte die kritische Sicht auf die Entwicklungen in Deutschland in den 50ern. Ihrer Meinung nach war die Bundesrepublik wenig fortschrittlich, der Blick in die Vergangenheit statt in die Zukunft gerichtet. Ingeborg Bachmann, Günter Grass und Heinrich Böll wurden neben anderen Gegenwartsschriftstellern der Verbindung zugeordnet.

123a) Therese Giehse

Im Mittelpunkt der Tragikomödie *Der Besuch der alten Dame* (1958) steht die Milliardärin Claire Zachanassian, die nach Jahren der Abwesenheit in ihre ehemalige Heimat zurückkehrt. Sie ist nur aus einem Grund in der Kleinstadt zu Besuch: Sie will sich an Alfred Ill rächen, der damals die Vaterschaft ihres Kindes leugnete. Nach einem verlorenen Prozess gegen ihn war Claire eine lange Zeit vom Unglück verfolgt gewesen. Friedrich Dürrenmatt (1921–90) verfasste außerdem *Der Richter und sein Henker* (1952) und *Die Physiker* (1962).

124d) Abstrakte Malerei

Erstmalig öffnete das Guggenheim-Museum 1939. Seinen Sitz hat es in New York City. 1956–59 entstand ein neues Gebäude, das der US-amerikanische Architekt Frank Lloyd Wright (1867–1959) kurz vor seinem Tod erdacht hatte. Dort zu sehen sind u. a. Bilder von Pablo Picasso, Wassily Kandinsky und Paul Klee. Weitere Einrichtungen, die von der Stiftung Solomon R. Guggenheim Foundation betrieben werden, sind die Peggy Guggenheim Collection (Venedig), das Museo Guggenheim (Bilbao), das Deutsche Guggenheim (Berlin) sowie das Guggenheim Hermitage (Las Vegas).

Guggenheim-Museum in Bilbao

125c) documenta
Als Initiator der Kunstausstellung documenta, die genau 100 Tage andauert, gilt Arnold Bode (1900–77), der lange Zeit als Kunstprofessor tätig war. Er verfolgte mit dem „Museum der 100 Tage" 1955 vordergründig nur ein bestimmtes Ziel. Es sollte das Defizit an hochgelobter Kunst, das während der Zeit des Nationalsozialismus aufgetreten war, wieder ausgeglichen werden. Im Mittelpunkt der documenta stehen bedeutende Werke und Künstler der Gegenwartskunst.

126b) Heinrich Böll
1972 erhielt der Deutsche Heinrich Böll (1917–85) eine der höchsten Auszeichnungen im Bereich Literatur, den Nobelpreis. Zuvor hatte er bedeutende Werke wie *Billard um halbzehn* (1959), *Ansichten eines Clowns* (1963) und *Gruppenbild mit Dame* (1971) geschrieben. National (ab 1970) sowie international (ab 1971) übernahm er die Leitung der Schriftstellervereinigung P.E.N. Mit seinem Essay über die RAF-Terroristin Ulrike Meinhof im Jahr 1972 sorgte Böll für großen Diskussionsstoff.

127a) Minister für Kultur
Johannes R. Bechers Leben war eng mit der Deutschen Demokratischen Republik verknüpft. Er dichtete nicht nur den Text für die Nationalhymne, sondern stand 1945–58 dem Kulturbund vor. Zwischen 1954 und 1958 fungierte Johannes R. Becher (1891–1958) als Minister für Kultur. Der Dichter wurde 1950 mit dem Nationalpreis der DDR ausgezeichnet. Ihm zu Ehren rief der Kulturbund der DDR 1961 die Johannes-R.-Becher-Medaille ins Leben. Sie wurde für herausragende Leistungen in den Bereichen Kunst, Kultur, Sport und Freizeit verliehen.

Die Kasseler Kunsthalle Fridericianum

128d) Brasilia

Der selbst aus Brasilien stammende Architekt Oscar Niemeyer (* 1907) entwarf für sein Heimatland, genauer gesagt für die Stadt Brasilia, zahlreiche moderne Einrichtungen. Die Hauptstadt steht seit 1987 auf der von der UNESCO herausgegebenen Weltkulturerbe-Liste. 1956 hatte die Regierung beschlossen, Brasilia neu zu gestalten. Die architektonischen Aufgaben (öffentliche Gebäude u. Ä.) wurden Oscar Niemeyer übertragen, die Planung der Stadt übernahm Lúcio Costa (1902–98). Die Arbeiten endeten am 21. April 1960 mit der offiziellen Einweihung der Planstadt.

Kathedrale von Brasilia

129a) Internationaler Stil

Schlicht, einfach und ohne jeglichen überflüssigen Schmuck kamen die Gebäude daher, die während der architektonischen Strömung Internationaler Stil entworfen wurden. Keramikpaneele, Holzverschalungen und Glasbausteine dienten als Baumaterial für die Außenfassade, da sie besonders leicht wirken. Eine optische Schwere versuchten die Architekten des Internationalen Stils zu vermeiden. Das UNO-Gebäude in New York gilt als Paradebeispiel.

130d) Kurfürst Friedrich III. von Brandenburg

Die Akademie der Künste unterteilt sich in die Gebiete Baukunst, Bildende Kunst, Darstellende Kunst, Film- und Medienkunst, Literatur und Musik. Ihre Anfänge hat die rechtsfähige Körperschaft, die dem Bund untersteht, in der Academie der Mahler-, Bildhauer- und Architectur-Kunst aus dem Jahr 1696. Kurfürst Friedrich III. von Brandenburg (1657–1713), der 1701 als erster König in Preußen regierte, hatte den Grundstein für die Einrichtung gelegt. Der Fürst galt als großer Förderer der Kunst und Kultur.

131) Simone de Beauvoir
Jean-Paul Sartre (1905–80) und Simone de Beauvoir (1908–86) gelten als zwei der größten Intellektuellen des 20. Jahrhunderts. Sartre, der philosophische Werke wie *Das Sein und das Nichts* (1943) veröffentlichte, bekam 1964 den Nobelpreis für Literatur zugesprochen. De Beauvoir bereitete mit *Das andere Geschlecht* (1949) dem Feminismus den Weg.

132) Albert Camus
Albert Camus (1913–60) bewegte sich mühelos zwischen den Genres. Zu seinem Oeuvre zählen u. a. Epen und Dramen. Auch als Philosoph genoss der Nobelpreisträger (1957) hohes Ansehen. Er war beispielsweise der Ansicht, dass der Tod ein unumgängliches Ende eines absurden Daseins darstelle.

133a) *Die Mausefalle*
Damit sich auch nach über 60 Jahren noch Interessenten für das Theaterstück *Die Mausefalle* (1952) finden lassen, werden die Zuschauer gebeten, die Identität des Mörders für sich zu behalten. Zu Ehren des 80. Geburtstags von Queen Mary (1867–1953) hatte Agatha Christie (1891–1976) das Krimistück zunächst als Hörspiel mit dem Titel *Three Blind Mice* entwickelt.

St. Martin's Theater in London

134d) *Frühstück bei Tiffany*
Truman Capote (1924–84) zog nicht nur mit seinem literarischen Schaffen die Blicke auf sich. Der Schriftsteller galt als Selbstdarsteller par excellence. Von der New Yorker High Society zunächst hoch gefeiert, verscherzte es sich Capote mit den Prominenten und Adligen, als er in *Erhörte Gebete*, das unvollendet blieb und 1987 erstmalig erschien, zahlreiche Geheimnisse preisgab. Viele waren mit dem von ihm gezeichneten Bild der New Yorker Gesellschaft nicht einverstanden.

135b) Majestix
1959 wurde die Comicwelt um eine Figur reicher: Asterix. Der Gallier mit dem blonden Schnauzbart ist nie ohne seinen dicklichen Freund Obelix, der als Kind in den Zaubertrank von Miraculix gefallen ist, anzutreffen. Für die Texte des Comics zeichnete René Goscinny (1926–77) verantwortlich, die Zeichnungen übernahm Albert Uderzo (* 1927). Zwei Jahre brauchten die Künstler, bis der erste Asterix-Comic druckreif war. 1961 erschien die Ausgabe *Asterix der Gallier.*

136c) „Kombiniere"
Markante Markenzeichen des Detektivs Nick Knatterton, Sohn einer Adelsfamilie, waren Schiebermütze und Anzug in grünkariertem Muster sowie eine Pfeife, die er fast immer zu rauchen pflegte. Neun Jahre lang (1950–59) waren die Comics Teil der Zeitschrift *Quick*. Manfred Schmidt (1913–99) hatte die Figur in Anlehnung an Hans Albers' Interpretation von Sherlock Holmes erfunden. In den 70ern folgten 14 Zeichentrickfolgen. Mithilfe seiner überragenden Kombinationsgabe und einigen Kinnhaken löst Nick Knatterton so manchen kniffligen Fall.

137a) Hannover

Bereits im 19. Jahrhundert fand ein Vorläufer der heutigen Bundesgartenschau (ab 1951) statt, die Internationale Land- und Gartenbauausstellung in Erfurt. In den Folgejahren entstanden u. a. in Dresden, Mainz und Altona ähnliche Veranstaltungen. Sie alle beschäftigten sich mit den Erneuerungen im Bereich Gartenbau. 1933, 1936, 1938 sowie 1939 wurden von den Nationalsozialisten die Reichsausstellungen des deutschen Gartenbaus durchgeführt.

138c) Atomium

Die 1958 in Brüssel durchgeführte Weltausstellung hat als besonderes Wahrzeichen das Gebäude Atomium hervorgebracht. Der belgische Ingenieur André Waterkeyn (1917–2005) wollte mit dem Bauwerk das gerade begonnene Atomzeitalter widerspiegeln. Dass auch ein friedlicher Gebrauch von Kernenergie möglich sei, sollte durch die neun Aluminiumkugeln, die an Atome erinnern, deutlich werden. Sechs der 18 m breiten Kugeln können besichtigt werden. In der obersten Kugel ist ein Restaurant untergebracht.

ALLTAG

139) HB-Männchen

Roland Töpfer ersann das Männchen, das über alltägliche Dinge derart in Rage geriet, dass er in die Luft ging. Erst der Zug an einer HB-Zigarette konnte ihn wieder auf den Boden der Tatsachen bringen. 1957–84 liefen die Werbeclips im TV, ab 1974 im Zuge des Werbeverbots für Zigaretten nur noch im Kino.

140) Hula-Hoop

1958 löste der Hula-Hoop-Reifen, der vom Unternehmen Wham-O Corp. erdacht worden war, weltweit eine Woge der Begeisterung aus. Die Spielvariante geht zurück auf das Reifentreiben, welches bereits im 4. Jh. v. Chr. weit verbreitet war.

141d) Milchbar

In den 50ern war die Milchbar der Treffpunkt von Jugendlichen und jungen Erwachsenen. Hier konnten sie alkoholfreie Getränke und teilweise Eisspezialitäten genießen. Zur Zeit der Prohibition waren die USA gezwungen, sich Alternativen zu Kneipen und Bars zu überlegen. Dadurch entstanden in den 30ern die Milchbars. Eingerichtet waren die Geschäfte meist mit vielen kleinen runden Tischen und einer lang gezogenen Theke, an der den Gästen zahlreiche Barhocker Platz boten. Die 1971 für den Film *Clockwork Orange* erdachte Korova-Milchbar wurde in New York nachgebaut.

142b) Musiktruhe

Eine Musiktruhe konnten sich in den 50ern nur wenige Leute leisten. Es galt als wahrer Luxus, wenn eine Familie solch ein Möbelstück in ihrem Wohnzimmer stehen hatte. Die Musiktruhe bestand im Regelfall aus einem Fernseher, der meist in einem seitlichen oder zweiten Fach mit einer Extraschiebetür untergebracht war, einem Plattenspieler, einem Radio sowie einem Rekorder. Sie war meist aus Holz gefertigt und stand auf vier schmalen Füßen.

143c) Tütenlampe

Auf einem nierenförmigen Fuß war ein Lampenständer angebracht, der aus Messing bestand oder zumindest farblich der leicht golden schimmernden Kupferlegierung entsprach. Daran schlossen sich drei Lampenschirme an. Diese waren aus Kunststoff oder verhärtetem Stoff und hatten die Form einer gerollten Tüte. Sie erstrahlten in vielen bunten Farben. Da das Material nach längerem Benutzen zum Entzünden neigte, wiesen viele der Tütenlampen nach kurzer Zeit Brandlöcher und dunkle verkohlte Stellen auf.

144b) Mikrowelle

Die Technisierung nahm in den 50ern neuen Schwung auf. Zwar wurde einer der ersten Mikrowellenherde 1947 gebaut, doch für den Haushalt war er eher weniger gebräuchlich. Er war etwa 1,80 m hoch und wog 340 kg. 1954 war die Mikrowelle zwar kleiner, leichter und handlicher geworden, aber sie kostete im Durchschnitt zwischen 2000 und 3000 US-Dollar. Elf Jahre später betrug der Kaufpreis immer noch knapp 500 US-Dollar. Erst in den 70ern konnten sich die ersten Haushalte einen Mikrowellenherd leisten. Toaster, elektrische Kaffeemühlen und Brotbackmaschinen hingegen waren in den 50ern fester Bestandteil in vielen deutschen Küchen.

145c) ca. 3.000.000

Das VEB Automobilwerk Zwickau sowie das VEB Sachsenring Automobilwerke Zwickau fertigten zwischen 1957 und 1991 die Baureihe Trabant. Der Kleinwagen war in den Variationen Limousine, Kombi, Pick-up sowie Kübel/Tramp erhältlich. Aufgrund der großen Nachfrage – der Trabi wurde teilweise auch in Ostblockstaaten wie Polen, Tschechoslowakei oder Ungarn abgesetzt – gerieten die Werke in Produktionsschwierigkeiten. Die Außenhülle bestand aus Plastik, was zu weiteren Problemen führte, da die Aushärtung des Materials zu Produktionsverzögerungen führte.

146a) unterschiedliche Blickrichtung von Fahrer und Mitfahrer

Die Vorder- und Rücksitze beim Rollermobil Zündapp Janus waren nicht hintereinander, sondern gegensätzlich montiert. Damit Fahrer und Mitfahrer bequem ein- und aussteigen konnten, waren an dem Gefährt, das seit 1957 von der in Nürnberg ansässigen Zündapp-Werke GmbH produziert wurde, sowohl vorn als auch hinten je eine Tür angebracht.

147d) eingebrachtes Vermögen selbst verwalten

Von der Gleichberechtigung auf Augenhöhe zwischen Mann und Frau war die Gesellschaft in den 50ern noch weit entfernt. Zwar schränkte das Gleichstellungsgesetz von 1958 die Rechte von Männern gegenüber ihren Ehefrauen teilweise ein, trotzdem galten Frauen weiterhin als das schwächere Geschlecht. Das Gesetz verbot den Männern fortan, die Arbeitsstelle ihrer Gattin zu kündigen, sie durften aber entscheiden, ob diese überhaupt arbeiten durfte oder nicht. Den Frauen war es dank des Gesetzes erlaubt, nach der Hochzeit ihren Geburtsnamen im gemeinsamen Namen zu tragen.

148c) Anaheim

Die Abenteuer von Micky Maus, Donald Duck und Co. können seit 1951 in der Zeitschrift *Micky Maus* nachgelesen werden. Zu Beginn erfuhren die Leser nur einmal im Monat Neuigkeiten aus Entenhausen, ab 1956 erhöhte sich die Erscheinungsweise auf zweimal im Monat. Inzwischen liegt das Heft jeden Freitag im Laden bereit. Die Figur Micky Maus basiert auf den Zeichnungen Ub Iwerks (1901–71). Bekannt wurde sie jedoch durch seinen Arbeitspartner Walt Disney (1901–66) und dessen Filme. Micky Maus und seine Kollegen können seit 1955 im Freizeitpark Disneyland in Anaheim, der weltweit weitere Ableger hat, in Lebensgröße bestaunt werden.

149a) Skipper
Lange blonde oder braune Haare, lockig frisierte Ponys und schwarz-weiß gestreifte Badeanzüge – so präsentierten sich 1959 die ersten Modelle der Barbie-Puppen. Vertrieben werden die Spielgefährtinnen von der Firma Mattel, die 1945 von Ruth und Elliott Handler zusammen mit Harold Matson gegründet worden war. 1961 gesellte sich Ken als Barbies neuer Freund dazu.

150b) Malefiz
Ein Cowboy, eine Saloondame, ein keckes Mädchen und ein älterer Herr mit Bart und Brille blicken seit 1960 vom Verpackungsdeckel des Gesellschaftsspiels Malefiz herab. Die vier Personen entsprechen den Figuren im Spiel, das der Bäckereiangestellte Werner Schöppne 1959 ersonnen hatte. Zwei bis vier Spieler versuchen durch Würfeln ihre Spielfiguren, fünf an der Zahl, ins Ziel zu bringen. Erschwert werden die Züge durch Sperrsteine. Schöppne hatte zunächst im Sinn gehabt, das Würfelspiel Räume und Warte, Die roten Stopper oder Sperrenknacker zu nennen.

151d) Brigitte Bardot
Marilyn Monroe lächelte 1956 dem Käufer der ersten *BRAVO*-Zeitschrift entgegen. Seit diesem Zeitpunkt berichtet das Magazin über die Probleme, Skandale und Liebschaften prominenter Persönlichkeiten. Die Zeitschrift erscheint im Bauer Verlag (ab 1968), zuvor war sie Teil des Kindler & Schiermeyer Verlags. Die Fragen der jugendlichen Leser rund um die Themen Liebe und Sexualität beantwortet seit 1969 das Dr.-Sommer-Team. Um einen Starschnitt (ab 1959), ein lebensgroßes Poster, vollständig zu haben, musste sich der Leser gleich öfter die *BRAVO* kaufen, da die Schnipsel auf verschiedene Ausgaben verteilt waren. Die erste Ausgabe kostete 50 Pfennig.

152d) Gummibaum
Der Gummibaum gehört zur Gattung der Feigen und stand in den 50ern in fast jedem Wohnzimmer. Die Zimmerpflanze ist leicht zu pflegen und muss nicht oft gegossen werden. Sie verträgt sogar dunklere Standorte und ist im Gegensatz zu anderen Arten sehr robust. Die Pflanze mit den dicken dunkelgrünen Blättern stammt aus Asien.

153) Nierentisch
Das Möbelstück setzt sich aus drei angewinkelten Tischbeinen und einer nierenförmigen Tischplatte zusammen, die entweder aus Mosaiksteinen besteht oder durch Kunstharz imprägniert wurde. Andere Modelle sind abweichend wie ein Dreieck geformt. Doch nicht jeder konnte sich in den 50ern mit dem geschwungenen Design anfreunden. Massiv gebaute, geradlinige Holzmöbel im Stil des „Gelsenkirchener Barocks" schmückten noch in vielen Haushalten Wohn- und Schlafzimmer.

154c) Cocktailsessel
Die Lehne eines Cocktailsessels in den 50ern war weitaus breiter als die Sitzpartie. Wer wollte, der konnte seine Arme bei einigen Modellen auf verkürzten Lehnen ablegen. Getragen wurden die Sessel, die meist mit unifarbenem Stoff bezogen waren, von vier dünnen Holzbeinen.

155b) Boogie-Woogie

Der Paartanz wird im 4/4-Takt ausgeführt. Seinen Ursprung hat er in den USA, wo er erstmals in den 40ern zu Swing- und Big-Band-Klängen getanzt wurde. Die Boogie-Woogie-Musikrichtung, bei der das Klavier im Vordergrund steht, wird dagegen eher selten dazu gespielt. Diese Form des Gesellschaftstanzes ist trotz seines Herkunftslandes eher in Europa als in Amerika verbreitet.

156) Goggomobil

1955 brachte die Hans Glas GmbH das Goggomobil auf den Markt. Dieses durfte dank seines Zweizylinder-Zweitaktmotors auch von Inhabern eines Motorradführerscheins der Klasse 4 gesteuert werden. Die erste Generation war nur mit einem Scheibenwischer und Schiebefenstern ausgestattet.

157a) Produktion des millionsten Käfers

Der VW Käfer war in den 50ern das Familienauto. Der weltweite Verkaufsschlager war für seine Zuverlässigkeit und Stabilität bekannt. Optisch erinnerte die zweigeteilte Heckscheibe des Kleinwagens bis 1953 an eine Brezel („Brezelkäfer"). Ab diesem Jahr sanken die Produktionskosten für gewölbte Scheiben, und der Mittelsteg wurde entfernt. 1978 endete in Deutschland die Herstellung des Käfers; die Fertigungsstätte wurde nach Mexiko verlagert. Dort hörte endgültig 2003 die Produktion des Käfers auf, der bis dato 21 Mio. Mal verkauft worden war.

158b) Frauengold

Das in Flensburg ansässige Unternehmen Frauengold warb ab 1953 damit, dass sein gleichnamiges Stärkungsmittel Herz und Kreislauf in Schwung bringen konnte. Gleichzeitig sollte das Produkt für Beruhigung und positive Stimmung sorgen. Die Tinktur fand reißenden Absatz. Einige Soziologen sehen einen Grund dafür in dem Alkoholgehalt von 16,5 Vol.-% Sie sind der Meinung, dass viele Frauen mit Frauengold eine Alternative zu Hochprozentigen hatten. Das alkoholhaltige Mittel sollte ihnen dabei helfen, ihre einengende Rolle als Hausfrau und Mutter erträglicher zu machen. Die in dem Mittel enthaltenen gesundheitsgefährdenden Aristolochiasäuren führten 1981 zum Verbot des rezeptfreien Tonikums.

159d) Pilz

Mithilfe des Pilzkiosks, der eigentlich als Milchpilz konzipiert worden war, sollte in den 50ern anfänglich der Absatz von Milch und Milchprodukten gefördert werden. Insgesamt verkaufte die Herstellerfirma Waldner in Deutschland 50 Exemplare dieser Art. Davon stehen heute allerdings nur noch sieben.

160c) Campen

Mit dem aufkommenden Wohlstand in den 50ern konnten es sich viele Bundesbürger wieder leisten, die Ferien- und Feiertage außer Haus zu verbringen. Zwar war für die meisten ein Wohnwagen weiterhin noch unerschwinglich, doch für ein Zelt, eine Luftmatratze und einen Schlafsack reichte es allemal. Ein Großteil der Deutschen blieb im eigenen Land, den Rest zog es in den Süden. Ein Flugticket war für fast alle Familien zu teuer, daher ging es per Zug oder mit dem eigenen Auto ins Ausland. Einige mutige Pärchen fuhren sogar auf einem Roller Richtung Ferienparadies.

161a) aggressiv auftretende Jugendliche

Die Halbstarken bildeten in den 50ern eine ganz neue, eigene Generation. Die Jugendlichen hatten genug von der Enge und Halsstarrigkeit, welche die Erwachsenen vermittelten. Sie wollten frei sein und sich nichts von der Obrigkeit sagen lassen. Mit ihren Mopeds knatterten sie durch die Gegend, trugen enge Jeanshosen und neigten zu Krawall und Schlägereien. Halt fanden die Halbstarken im Rock 'n' Roll, der ihr Lebensgefühl musikalisch widerspiegelte. Bei Konzerten kam es häufiger zu Auseinandersetzungen und Zerstörung der Sitzreihen. Die Halbstarken, die überwiegend aus der Arbeiterschicht stammten, galten als Schreck der Nachbarschaft.

162c) tanzte wild

In den 50ern boten sich die schnellen und wilden Lieder des Rock 'n' Roll, des Rockabilly und des Twist geradezu perfekt zum Tanzen an. Oft war viel akrobatisches Geschick gefragt, wenn der Mann seine Tanzpartnerin beim Rock-'n'-Roll-Tanz gekonnt durch die Luft wirbeln und zwischen seinen Beinen wieder heraufziehen wollte.

163d) töfte

Im Ruhrpott bedeutet das Wort „töfte" so viel wie gut, klasse oder toll. Sehr gern wird es dort auch mit einer negativen Konnotation versehen. Schnell wird der Ausspruch „Das ist aber töfte" zu einer ironischen Bemerkung. Etymologisch soll sich das Wort vom hebräischen Ausdruck für gut, t¯ov, entwickelt haben. Das Jiddische übernahm mit „tov" die Bezeichnung, woraus später „töfte" entstand. Es ist sprachlich und inhaltlich eng mit dem berlinerischen „dufte" verwandt.

164a) Sänfte
Wer in den 50ern ein eigenes Zimmer hatte, der konnte sich glücklich schätzen. Oft herrschte in den meisten Wohnungen Platzmangel. Geschwister mussten sich häufig ein Zimmer teilen. Um in den engen Wohnungen trotzdem viel Mobiliar unterbringen zu können, wurden Kombinationen aus Couch und Bett oder Schrankwände mit Bücherregalen und Geschirrablagen entworfen. 1950 entstanden zahlreiche rasch hochgezogene Wohnblöcke, um dem Bedarf an Wohnraum, der nach dem Ende des Zweiten Weltkriegs zugenommen hatte, gerecht zu werden.

165b) Teenager
Tatsächlich hat der Begriff „Backfisch", mit dem in den 50ern meistens weibliche Jugendliche bezeichnet wurden, seinen Ursprung im Anglerbereich. Fischer sprechen bei noch ziemlich jungen Exemplaren von einem Backfisch. Diese sind wegen ihrer geringen Größe, Schmackhaftigkeit und Reife weder zum Braten noch zum Kochen geeignet. Im 16. Jahrhundert wurde Backfisch noch als spöttischer Ausdruck für den damals niedrigsten Akademiker-Grad, den Baccalaureus, verwendet. Johann Wolfgang von Goethe (1749–1832) benutzte den Begriff – bezogen auf Mädchen – bereits in seinem 1773 verfassten Drama *Götz von Berlichingen*.

166d) Fass aufmachen
Auch schon in den 50ern musste man auf einer Feier aufpassen, nicht zu tief ins Glas zu schauen, wenn man noch eigenständig mit dem Auto nach Hause fahren wollte. Die Promillegrenze lag bei 1,5 Promille. Wer darüber lag, galt als fahruntüchtig. Für vorsichtigeres Fahren unter Alkoholeinfluss sorgte ab 1953 auch das berühmte Röhrchen. Statt den Polizisten anzuhauchen, mussten die angehaltenen Autofahrer in ein Röhrchen pusten. Da das Prüfverfahren zu dem Zeitpunkt technisch noch nicht vollständig ausgereift war, hatten die Messdaten vor Gericht keine Gültigkeit.

167a) hohler Zahn

Mit dem Begriff „hohler Zahn“ bezeichnet heutzutage niemand mehr ein Mauerblümchen. Stattdessen wird mit Aussprüchen wie „Das war was für meinen hohlen Zahn“ ausgedrückt, dass die Essensportion viel zu klein war und noch Essensbedarf besteht. Die Berliner nennen die Kaiser-Wilhelm-Gedächtniskirche wegen ihres Aussehens auch „hohler Zahn“.

168d) junges Mädchen

Statt „Backfisch“ verwendeten einige Erwachsene auch den Ausdruck „Milchrahm“, wenn sie von jungen Frauen sprachen. Mädchen wurden in den 50ern meist noch dahin gehend erzogen, dass sie später einmal die Rolle der liebenden Ehefrau und treu sorgenden Mutter übernehmen sollten. Man war der Ansicht, dass ihnen diese Aufgaben und Pflichten von Natur aus zustanden. Nur wenige Mädchen wurden darin gefördert, ihre eigenen Entscheidungen zu treffen und sich ihre Wünsche und Träume zu erfüllen.

169b) Essen

Noch heute benutzen wir Deutschen regelmäßig französische Begriffe im Alltag: Man erhofft sich von bestimmten Dingen Prestige, greift zum Portemonnaie oder hält ein flammendes Plädoyer. Schließlich ist Französisch eine Weltsprache. Im 17. Jahrhundert war sie hauptsächlich die Sprache der Diplomatie und des Adels. Das Französische wird auch als Lingua franca bezeichnet; sie ist wie das Englische eine jener Sprachen, die im Laufe der Geschichte als Verkehrssprache zwischen einzelnen Ländern verwendet wurde. Besonders im Bereich Essen haben sich viele Ausdrücke gehalten. Wörter wie Appetit, Dessert, Kantine, Souper, Filet oder Sauce haben ihre Wurzeln in der französischen Sprache. Teilweise wurden sie hinsichtlich der Rechtschreibung den deutschen Gewohnheiten angepasst.

170c) großartig

Heutzutage ist der Begriff „Schau" eher negativ belegt. „Mach nicht so eine große Schau!" oder „Was zieht der denn für eine Schau ab?" ist öfter im Alltag zu hören. Oft beziehen sich die Aussprüche auf Angeber und Proleten, die sich mit ihrem Auftreten vor anderen profilieren wollen.

171b) steiler Zahn

Als wahre Sexsymbole galten in den 50ern neben Marilyn Monroe die Italienerinnen Gina Lollobrigida (* 1927) und Sophia Loren (* 1934) sowie die Schauspielerinnen Jayne Mansfield (1933–67), Lana Turner (1921–95), Dorothy Dandridge (1922–65) und Mamie Van Doren (* 1931). Von vielen innig geliebt, fühlten sich die Sexbomben meist jedoch einsam und allein. Marilyn Monroe z. B. beklagte sich folgendermaßen: „Auch ich habe Gefühle. Ich bin nur ein Mensch. Alles, was ich möchte, ist für meine Person und mein Talent geliebt zu werden." Die Ehen der Sexbomben waren oft nicht glücklich. Dorothy Dandridge ließ sich zweimal scheiden und nahm sich, geplagt von Depressionen, finanziellen Schwierigkeiten und schwindenden Rollenangeboten, mit einer Überdosis im Alter von 42 Jahren das Leben.

Sophia Loren

172a) Zickendraht

In den vergangenen Jahren sind immer neuere, kreativere Schöpfungen entstanden, mit denen Personen bezeichnet werden, die ängstlich wirken. Statt Feigling heißt es nun vielerorts Warmduscher, Schattenparker, Abstandhalter oder Socken-in-Sandalen-Träger.

173d) Hydrant

Fritz Fend (1920–2000) hatte zunächst einen Vorläufer des Messerschmitt Kabinenrollers entwickelt, der als Fahrmöglichkeit für gehbehinderte Menschen gedacht war. Der mit drei Rädern ausgestattete Einsitzer konnte nur durch das Vor- und Zurückbewegen einer Lenkstange vorangetrieben werden. 1952 tat er sich mit dem Flugzeugkonstrukteur Wilhelm Emil Messerschmitt (1898–1978) zusammen. Dieser willigte ein, das Fahrzeug – nun als Zweisitzer – zu produzieren. Um mit dem Modell KR 200 rückwärtsfahren zu können, musste der Zündschlüssel beim Anlassen gedrückt und gedreht werden. Auf diese Weise lief der Motor linksherum.

174b) Knutschkugel

Das ehemalige Unternehmen Iso Rivolta (Mailand) konstruierte 1954 die ISO-Isetta, die sie im selben Jahr auf dem Genfer Autosalon der Öffentlichkeit vorstellten. BMW kaufte den Italienern die Lizenz ab und führte kleine Veränderungen durch. Die Isetta war nur mit einer Tür ausgestattet, die nach oben hin aufschwang. An ihr waren das Lenkrad und das Armaturenbrett angebracht.

175a) Beine

„Laufwerk" konnte sich nur schwer als Alternative für Beine durchsetzen. Schließlich hat das Wort Bein in zahlreichen Redewendungen seinen Platz gefunden: jemandem Beine machen, wieder auf die Beine kommen, auf die Beine stellen …

176b) Silverstone
Eine der Rennstrecken in der neu konzipierten Formel 1 war auch das Indianapolis 500, auf dem aktuell die IndyCar Series ausgetragen werden. In der ersten Saison gingen acht Teams mit einer unterschiedlichen Anzahl an Fahrern an den Start. Insgesamt gab es 49 Teilnehmer; davon waren einige keine Sportler, sondern Privatpersonen. Giuseppe Farina (1906–66) auf Alfa Romeo konnte sich nach sieben Wettbewerben als Erster den Titel sichern.

177c) Friedrich Ludwig Jahn
1811 eröffnete „Turnvater Jahn" (1778–1852) auf der Hasenheide den ersten Turnplatz. Der Park im Berliner Ortsteil Neukölln weist eine Größe von rund 50 m² auf. Auf seinen Ideen und Vorstellungen beruht das moderne Geräteturnen. Viele seiner sportlichen Betätigungen, die er auf dem Turnplatz der breiten Öffentlichkeit vorführte, sind heute noch Bestandteil des Sportunterrichts. In dieser Tradition wurde 1848 in Hanau der Deutsche Turner-Bund hervorgerufen, der 1950 nach seiner Selbstauflösung im Jahr 1935 in Tübingen neu gegründet wurde.

178a) Schweiz
Als Auslöser des Zweiten Weltkrieges musste Deutschland auch im sportlichen Bereich mit den Konsequenzen leben. Bis 1950 durfte die deutsche Fußballnationalmannschaft, die 1942 von der FIFA ausgeschlossen worden war, nicht am internationalen Spielverkehr teilnehmen. Nach der Neugründung des DFB im Jahr 1950 durfte die Mannschaft in Stuttgart schließlich am 22. November gegen die schweizerische Auswahl antreten. Das Spiel gewannen die Deutschen unter der Leitung von Sepp Herberger mit 1:0.

179a) Handlaufen

1913 gab es bereits einen Vorläufer der heutigen Asienspiele. An den in Manila ausgetragenen Fernöstlichen Spielen nahmen neben Thailand die Republik China, die Philippinen, Japan, Hongkong und Malaysia teil. Die Medaillen werden inzwischen in rund 42 Sportarten vergeben, zu denen u. a. Kabaddi, Sepak Takraw und Karate zählen. China konnte bisher die meisten Goldmedaillen auf sich vereinen, gefolgt von Japan und Südkorea.

180c) Hermann Buhl

Der Nanga Parbat im Himalaya-Gebirge wird auch als „Schicksalsberg der Deutschen" bezeichnet. An der Besteigung des 8.125 m hohen Berges sind in der Vergangenheit zahlreiche Bergsteiger, vor allem Deutsche, gescheitert. Als einer der Ersten unter ihnen versuchte Willy Merkel sein Glück, 1934 den als schwierig geltenden Nanga Parbat zu besteigen. Den Versuch mussten er und weitere Teilnehmer der Expedition mit dem Leben bezahlen. Auch bei der deutschen Nanga-Parbat-Expedition 1937 ließen zahlreiche Alpinisten ihr Leben. Erst der Tiroler Hermann Buhl (1924–57) schaffte es 1953 an die Spitze des Berges.

181b) *Olympisches Feuer*

Der deutsche Manager und Sportfunktionär Wilhelm Grabe (1893–1967) war 1951 der Hauptgründer der Deutschen Olympischen Gesellschaft. Ihren Sitz hat die Organisation in Frankfurt am Main. Die gemeinsam mit dem Deutschen Olympischen Sportbund herausgegebene Zeitschrift *Olympisches Feuer* ist nur für Mitglieder vorgesehen. Den Posten des Chefredakteurs übernahm bei der Herausgabe des ersten Blattes der Sportfunktionär Carl Diem (1882–1962).

182c) Westfalenhalle

In der Dortmunder Westfalenhalle werden u. a. jedes Jahr die Messen Boulevard. Dortmund Herbst, Intermodellbau sowie Jagd & Hund durchgeführt. Lange Zeit fand hier auch der Radwettbewerb Sechstagerennen statt. Das Gebäude ist in neun Hallen unterteilt. Großveranstaltungen wie die Technoparty Mayday, Holiday on Ice sowie Night of the Proms ziehen regelmäßig zahlreiche Besucher in die Westfalenhalle. Laut Veranstalter sollen etwa 2 Mio. Menschen jährlich in das Gebäude pilgern.

183a) Joe Louis

Für die schwarze Bevölkerung war Joe Louis (1914–81) in den 30ern und 40ern ein Held. Sie sahen in ihm jemanden, der den Weißen würdevoll entgegentrat. Für Aufsehen sorge seine Niederlage gegen den Deutschen Max Schmeling (1905–2005). Louis galt zu diesem Zeitpunkt nach zahlreichen K.-o.-Siegen in der Sportwelt als unbesiegbar. 1937 erkämpfte sich „Der braune Bomber" den Weltmeistertitel im Schwergewicht, den er bis 1949 erfolgreich verteidigte. Bei Schmeling revanchierte er sich 1938, als er ihn im Rückkampf bereits nach zwei Runden besiegte. In den 50ern begann der Stern von Louis zu sinken; er arbeitete zeitweise als Berufsringer.

184d) Emil Zátopek

Seine Siege über die 5000-m-und-10.000-m-Strecken bei den Olympischen Sommerspielen 1948 konnte der Tscheche Emil Zátopek (1922–2000) vier Jahre später erfolgreich verteidigen. Hinzu kam der Gewinn der Goldmedaille über die Marathondistanz. Der Rekord ist bis heute ungebrochen. Auf der 5000-m-Strecke sah es lange so aus, als würde Zátopek knapp das Podest verpassen, als er in der letzten Runde die drei vor ihm liegenden Konkurrenten noch überholte. Beim Marathon, den er 1952 zum ersten Mal bewältigte, sorgte er mit seiner Siegerzeit für einen neuen Olympischen Rekord. „Die tschechische Lokomotive" pflegte beim Laufen stets die Zunge herauszustrecken. Die Zuschauer glaubten jedes Mal, er wäre kurz davor, zusammenzubrechen.

185b) Mount Everest

Stolze 8848 m ragt der Mount Everest in die Höhe und ist damit der höchste Berg der Welt. Er wird als höchste Erhebung Asiens zu den Seven Summits, den sieben höchsten Bergen der Kontinente, gezählt. Der Mount Everest gehört anteilig zu Nepal und zu China bzw. Tibet. Am 29. Mai 1953 erreichten der Neuseeländer Edmund Hillary (1919–2008) und sein nepalesischer-indischer Kompagnon Tenzing Norgay (1914–86) als Erste die Spitze des Gipfels.

186c) Juan Manuel Fangio

Fast jedes zweite Rennen gewann Juan Manuel Fangio (1911–95) im Laufe seiner Formel-1-Karriere. Er siegte in 24 von 51 Wettbewerben. Damit steht er unangefochten an der Spitze. 1951, 1954, 1955, 1956 und noch einmal 1957 konnte er den Weltmeistertitel erringen. Der Rekord (fünf Titel) wurde erst 2003 von Michael Schumacher (* 1969) übertroffen. Zunächst startete Fangio für Alfa Romeo (1950–51), bevor er zu Maserati wechselte (1953–54). Schon im darauffolgenden Jahr fuhr er für Mercedes. 1956 arbeitete er mit dem Ferrari-Team. Mit Maserati wurde er zum letzten Mal Weltmeister. 1958 zog er sich aus dem Motorsport zurück.

187a) Toni Turek

Die deutsche Nationalmannschaft gelangte bei der Weltmeisterschaft 1954 in der Schweiz überraschend ins Finale. Dort besiegte sie die hochfavorisierten Ungarn mit 2:3. Im Vorrundenspiel hatte die von Sepp Herberger (1897–1977) trainierte Mannschaft gegen diese noch haushoch mit 8:3 verloren. Im Endspiel lagen die Ungarn bereits nach acht Minuten mit 2:0 in Führung. Zwei Minuten später konnte Morlock auf 2:1 verkürzen. Vor dem Halbzeitpfiff stand es 2:2. In der 84. Minute schoss sich Helmut Rahn (1929–2003) mit dem Siegtreffer in den Fußballhimmel.

188b) Bubi Scholz

Drei Jahre lang (1958–61) durfte sich Gustav „Bubi" Scholz (1930–2000) Europameister im Mittelgewicht nennen. 1964 errang er den Titel auch im Halbschwergewicht. 88 von 96 Kämpfen konnte Scholz für sich entscheiden. Er musste in seiner Karriere nur zwei Niederlagen einstecken. Für Aufregung sorgte der Deutsche 1984, als er unter Alkoholeinfluss seine Ehefrau erschoss.

189b) Pelé

Als Edson Arantes do Nascimento kennt ihn niemand, als Pelé (* 1940) dagegen ist er für viele nur eins: ein Fußballgott. Die FIFA verlieh ihm den Titel Weltfußballer des Jahrhunderts. Mit der brasilianischen Nationalmannschaft wurde er drei Mal Weltmeister: 1958, 1962 und zuletzt 1970. Bei seinem ersten Finale bei einer Weltmeisterschaft erzielte der damals 17-Jährige direkt ein Tor. Durch den 5:2-Sieg der brasilianischen Elf gegen die Mannschaft aus Schweden wurde Pelé zum bisher jüngsten Weltmeister in der Fußballgeschichte.

190d) Marika Kilius

Im Eiskunstlauf trat Marika Kilius (* 1943) zunächst mit Franz Ningel (* 1936) an. Die beiden gewannen u. a. 1955–57 die Deutsche Meisterschaft. Zudem holten sie einen 2. und einen 3. Platz bei Weltmeisterschaften sowie dreimal eine Bronzemedaille bei Europameisterschaften. Weitaus erfolgreicher war Kilius in den Folgejahren mit ihrem neuen Partner Hans-Jürgen Bäumler (* 1942). Das Paar gewann u. a. sechsmal in Folge Gold bei Europameisterschaften, 1963 und 1964 den Weltmeistertitel sowie bei den Olympischen Spielen 1960 und 1964 die Silbermedaille.

191b) Currywurst

Wer die Currywurst erfunden haben soll, ist stark umstritten. Viele sind der Meinung, dass es die Berlinerin Herta Heuwer (1913–99) gewesen ist. Zumindest ließ sie sich 1959 den Namen ihrer Chillup-Sauce, die u. a. aus Tomatenmark, zwölf indischen Gewürzen wie Chili und noch weiteren geheimen Zutaten besteht, schützen. Ihre Brühwürste, die sie mit der Sauce bestrich, nannten die Berliner Currywurst. Für die Ruhrgebiets-Currywurst wird hingegen eine Bratwurst verwendet.

192a) Mandel

Clemens Wilmenrods Gericht „Gefüllte Erdbeere" bestand eigentlich nur aus zwei Zutaten: einer Erdbeere und einer Mandel. Die Schlichtheit der Kreation rief einen Zuschauer auf den Plan, der sich sicher war, dass es solch ein Gericht bereits zuvor gegeben habe. Wilmenrod reagierte auf theatralisch-dramatische Weise. In seiner Sendung griff er sich ein Küchenmesser, setzte es sich auf seine Brust und drohte damit, sich das Herz zu durchstoßen, wenn in den folgenden Minuten ein Zuschauer behaupten würde, ein solches Dessert bereits verspeist zu haben.

193c) Ischler Törtchen

Die kleinen Gebäckteile gehören zu Österreich wie Frikandel zu den Niederlanden. Erfunden hat sie der Deutsche Richard Kurth (1908–70). Dieser arbeitete in den 50ern in Bad Ischl in der Konditorei Zauner. Das Törtchen setzt sich aus zwei kleinen Mürbeteigplättchen und einer Füllung aus Schokoladencreme zusammen. Umhüllt wird das Ganze von einer feinen Kakaoglasur. Garniert wird das Ischler Törtchen mit gehackten Pistazien. Zur Weihnachtszeit wird das Rezept umgewandelt. Statt Mürbeteig werden Nusskekse und statt Schokolade herbe Marmeladen verwendet. Mit einer Mokkaglasur werden die weihnachtlichen Gebäckstücke anschließend verziert.

194d) Ananas

Clemens Wilmenrod hatte auch hier seine Finger im Spiel. Er soll als Erster auf die Idee des Toast Hawaiis gekommen sein. Dafür bestrich er zunächst ein Toastbrot mit Butter und röstete es. Es folgten eine Lage Kochschinken, ein Ananasring sowie eine Scheibe Käse. Die kleine Zwischenmahlzeit musste anschließend nur noch kurz in den Ofen geschoben und überbacken werden.

195b) Hackfleisch mit Gewürzen

Das „Arabische Reiterfleisch" wird mit Kartoffeln serviert. Das Gericht ist häufig auf grünen Bohnen angerichtet. Es besteht im Grunde eigentlich nur aus Hackfleisch, verschiedenen Gewürzen sowie Obst- und Gemüseanteilen. Clemens Wilmenrod, Erfinder des Gerichts mit dem fantasievollen Namen, fügte dem gemischten Hackfleisch in seiner ursprünglichen Form Meerrettich, Schmand, Eier, Tomatenmark, Gewürzgurken und Äpfel bei. Alles zusammen wird so lange in einer Pfanne geschmort, bis es gar ist. Passend zu seinen Gerichten erzählte Wilmenrod meist eine fiktive Hintergrundgeschichte, die häufig sehr abenteuerlich anmutete und den Zuschauer köstlich amüsierte.

196a) Käseigel

Es gab in den 50ern keine Party, auf der nicht mindestens ein Käseigel auf einer kalten Platte angerichtet war. Um das kleine essbare Tierchen zu gestalten, wird eine runde Frucht, wie z. B. eine Melone, eine Orange oder eine Grapefruit, in zwei Teile geschnitten. Die gewölbte Seite wird nach oben gelegt. Darauf werden nun einzelne Zahnstocher aufgesteckt, die mit kleinen Käsewürfeln sowie Weintrauben garniert sind. Die Zahnstocher erinnern an die Stacheln des Igels.

197b) Mokkacreme
Für den Boden einer Grillage-Torte wird gestoßener Krokant (oder geröstete Mandeln) mit Fett und einer Biskuitmasse verrührt. Die weiteren Schichten setzen sich aus Eiweiß, Butter, Schokolade, Zucker und Nüssen zusammen. Dazwischen mischen sich meistens noch Lagen aus Schlagsahne sowie Schokoladensplitter. Während in Böhmen und Bayern die Torte bereits im 19. Jahrhundert bekannt war, gelangte sie erst im 20. Jahrhundert ins Rheinland. Dort wird sie meistens in einer abgewandelten Form halbgefroren angeboten.

198c) Spiegelei
Für das Schnitzel Holstein wird ein Stück vom Kalb verwendet, das mit Mehl eingerieben in Fett zubereitet wird. Darauf garniert werden Spiegeleier, die wiederum mit Kapern belegt sind. Hinzu kommen geröstete und gebutterte Weißbrotscheiben, die je nach Geschmack mit Sardellenfilets, Kaviar, Räucherlachs oder Ölsardinen bestückt sind. Als Beilage eignen sich in diesem Fall besonders gut Prinzessbohnen und Bratkartoffeln. Das Gericht ist spätestens seit dem Ende des 19. Jahrhunderts bekannt, als es in vielen Kochbüchern dieser Zeit zum ersten Mal Erwähnung fand.

199a) alkoholisches Getränk
Damit sich das Obst im Kultgetränk „Kullerpfirsich" auch schön dreht, muss es vorher mehrfach eingestochen werden. Anschließend wird die Pfirsichkugel in ein Glas gelegt, das eine leichte Wölbung aufweist. Zu guter Letzt wird sie mit gekühltem Sekt oder Champagner übergossen. Die austretenden Kohlenstoffdioxidbläschen des alkoholischen Getränks sammeln sich an den Härchen der Pfirsichhaut. Dort, wo sich die meisten Bläschen vereinigen, erfährt der Pfirsich einen Auftrieb und beginnt sich zu drehen. Der alkoholgetränkte Pfirsich wird abschließend als kleines Dessert verspeist.

200c) Kalter Hund
Einige kennen den Kuchen unter dem Namen „Kalter Hund“, andere sprechen von Kekstorte, Kalte Schnauze, Schwarzer Peter oder Kellerkuchen. In allen Fällen ist jedoch die Zubereitung die gleiche: Kokosfett wird mit einer Masse aus Kakao, Zucker und Eiern zu einer Creme vermischt. Diese wird abwechselnd mit Keksen in eine Kastenform geschichtet und mit einer Schokoladenschicht umhüllt.

201d) Suppe
Der Auflauf „Kirschenmichel“ teilt sich in eine Teigschicht, bestehend aus Butter, Zucker, altbackenen Brötchen, Ei sowie Milch, und eine Schicht aus Kirschen. Besonders gern kommt die Süßspeise in den Gebieten Südhessen, Südbaden, Franken, Pfalz und Baden-Württemberg auf den Tisch. Abgerundet wird der Kirschenmichel durch winterlich anmutende Aromen wie Zimt oder Mandel. Viele Familien genehmigen sich zu dem üblicherweise als Hauptmahlzeit gegessenen Gericht eine Scheibe Weißbrot. Eng verwandt mit dem Kirschenmichel ist der Ofenschlüpfer. Dieser wird statt mit Kirschen mit Äpfeln serviert.

202d) Fliegenpilz-Ei
Mit ihrer rot-weißen Färbung verliehen Fliegenpilz-Eier so mancher kalten Platte in den 50ern einen kleinen Farbtupfer. Die Snacks sind schnell zubereitet: Das Ei wird hartgekocht, abgepellt und anschließend an einer Seite leicht angeschnitten. Auf einem Teller oder einem Blatt Salat angerichtet, wird das obere Stückchen einer Tomate als Hut aufgesetzt. Dieses wird zum Schluss nur noch mit Mayonnaiseklecksen verziert.

203a) Kalbfleisch
Für Königinpastetchen müssen sich Köche ein wenig mehr Zeit nehmen. Schließlich müssen erst zahlreiche Zutaten eingekauft werden. Die Zwischenmahlzeit verlangt nach Kalbfleisch, Zwiebeln, Suppengrün, Margarine, Brühe, Sahne, verschiedenen Gewürzen, Spargel, Blätterteigpasteten und Champignons. Die Zubereitung von Blätterteig ist sehr zeitaufwendig. Daher ist es ratsam, die Pasteten bereits fertig zu kaufen. Die reichlich gefüllten Blätterteigtaschen, die nach oben hin offen sind, werden in der Regel warm serviert.

204c) Eierlikör
Dank seiner orangen, hellgelben Färbung erhielt der mit Eierlikör versetzte Longdrink „Blonder Engel" seinen Namen. Der Alkohol sollte vor der Zubereitung richtig gut durchgekühlt werden. Zusammen mit Bitter-Orangenlimonade oder herkömmlichem Orangensaft wird er zur Hälfte in ein Longdrinkglas gefüllt und umgerührt. Anschließend wird das Glas mit dem restlichen Saft aufgefüllt. Gecrushtes Eis oder Eiswürfel sowie eine Orangenscheibe runden das Rezept ab. Für gewöhnlich wird der Blonde Engel mit einem Strohhalm angeboten.

205c) Kaviar
Russische Eier können unterschiedlich zubereitet werden. Entweder wird das hartgekochte halbierte Ei mit Remoulade und Kaviar bestrichen oder das zerkleinerte Eigelb wird mit Mayonnaise, Gewürzen, Senf und Sardellen vermischt und als Aufstrich auf das Ei gesetzt.

dpa Picture-Alliance, Frankfurt:	5, 6, 9, 10, 12, 13, 14, 15, 16, 17, 18, 19, 20, 22, 23, 24, 27, 29, 31, 34, 35, 37, 38, 39, 40, 42, 43, 44, 45, 46, 47, 58, 61, 62, 64, 65, 66, 67, 68, 69, 70, 71, 72, 73, 75, 76, 77, 78, 79, 80, 81, 82, 84, 85, 86, 89, 90, 91, 92, 93, 95, 96, 98, 99, 101, 103, 104, 108, 109, 112, 113, 114, 116, 118, 119, 122, 124, 125
fotolia.com:	rossler 7; adityahi 8; Jeanette Dietl 21; mirubi 26; aldorado 28; Alterfalter 30; Kim Warden 32; Jörg Launer 48; Eduard Warkentin 49; srosh 50; tiero 51; carroteater 55; marcfotodesign 56; lakeemotion 57; cyco 59; JB 63; Waldteufel 74; kai-creativ 83; Rene Grycner 87; Buesi 88; thingamajiggs 94; snaptitude 102; Cheryl Casey 106; mopsgrafik 110; Martina Berg 111; ArTo 115; Dmitry Pichugin 121; Andre Bonn 123; Andreas F. 126; newpic.eu 127
pixelio.de:	brigitte schimpfhauser 25; Helmut J. Salzer 41; Christin Klein 54; Slon 60; Henning Hraban Ramm 97; Alfred Teske 100; Joachim Reisig 107; Lothar Wandtner 117
123rf.com:	Sean Pavone 11; Richard Sharrocks 33; Joerg Hackemann 36; stocksnapper 52; Maren Wischnewski 53; Vladimir Zhuravlev 105; neftali77 120